理想の暮らしがずっと続く
15の空間

住んでよかった家

A Nice House to Live In

平松建築代表取締役
平松明展

KADOKAWA

はじめに

購入するにしても賃貸にするにしても、戸建てにしてもマンションにしても、**家は実際に住んでみないとわからないことが多々あります**。私は24年間、家づくりをしていますが、常に「**家づくりは難しい**」と感じています。住む人によって家に対するニーズや価値観が違うからです。

実際、住まいの選択肢は多岐にわたります。賃貸、マンション、中古住宅、新築戸建て。賃貸やマンション、中古住宅は、完成したもので購入前に見学することができますよね。

一方、新築戸建ては、建売住宅は別として、原則、完成形を確認することはできません。そこにリスクを感じている人もいるのではないでしょうか？　高額な買い物だからこそ、より慎重になってしまいますよね。家づくりで考えることは膨大なため、事例を1つでも多く見ておくことが役立ちます。

私は平松建築という工務店を営みながら、YouTubeチャンネル「職人社長の家づくり工務店」を通して、快適な住まいに関わる情報を多面的に発信してきました。現在はチャンネル登録者数も17万人を超えています。２０２３年12月に発売した『住まい大全　ずっと快適な家の選び方、つくり方、暮らし方』（ＫＡＤＯＫＡＷＡ）は、これから住宅購入やリフォームを考える読者の方に向け、住宅の耐震性や耐久性、設備など総合的な情報をまとめてお伝えし、高性能住宅の魅力や不動産会社・工務店とのつき合い方にも言及しました。

第2弾となる本書では、私が建築に関わった住宅の具体的事例を通して、「住んでよかった」と感じられた点をテーマとしています。

よりみなさんに「**家づくりについてリアリティを感じながら考えてもらえるきっかけになれば**」と思っています。特徴的な新築戸建ての15ケースを紹介することで、以下のような方々のお役に立てると思います。

◎家族が快適に暮らせる間取り・レイアウトの事例を知りたい人
◎新築戸建ての注文を検討している人
◎戸建て住宅の購入を検討し、チェックポイントを知りたい人
◎戸建て住宅やマンションの設備の修繕や増築、リフォームを検討する人

いずれも、家のオーナーや家族が「住んでよかった」と感じている家になります（一部、モデルハウス）。

ちなみに、**すべてに共通するのはやはり高性能住宅であることです。高性能とは、耐震性、耐久性、断熱性、通気性、気密性、省エネ性が高い住宅**をさします。これは快適な暮らしを実現し、家の価値が長期間持続するものです。本書では15の事例を４つの章分けで紹介しますが、Ｐａｒｔ１ではこちらの高性能に焦点を当てて事例を紹介します。

また、住まいには性能以外にも求められることがあります。Ｐａｒｔ２「生活しやすくてよかった」では間取りや家事動線による利便性、Ｐａｒｔ３「居心地がよくてよかった」では内外観のデザイン、防犯性といった精神面にも寄与するものを紹介。Ｐａｒｔ４「家族一緒でよかった」では、自宅で仕事と家事、子育てを両立しているお宅を取り上げています。

もちろん「よかった」と感じることについては人それぞれですが、みなさんに共通しているのが、空気クオリティの高さです。「**深呼吸をしたくなる家**」ともいえます。人生で最も長い時間を過ごす家で、毎日、気持ちよく呼吸ができるすばらしさも感じてもらいたい部分です。家は家族がともに思い出をつくる大切な場所です。

繰り返しになりますが、**これから家をつくろうとしている人、ぼんやり考えている人はもちろん、修繕や増築・減築といったリフォームを考えている人にも参考にしていただける**と思います。中古物件やマンション住まいの人が、より快適に暮らせるためのヒントもあると思います。みなさんご自身の理想の人生を考えながら、読み進めていただければ幸いです。

目次

はじめに …… 1

Prologue

住んでよかった家にする1
ライフプランをつくる …… 8

住んでよかった家にする2
マネープランで比較する …… 10

住んでよかった家にする3
家のタイプを選択する …… 12

住んでよかった家にする4
すべての性能を高める …… 14

住んでよかった家にする5
将来にわたってコスパをよくする …… 16

住んでよかった家にする6
利便性と快適性を追求する …… 18

住んでよかった家にする7
いい家を手に入れる方法を知る …… 20

どんな家を手に入れるべきか？
「住んでよかった」の導きチャート …… 22

Part 1 安心できる家でよかった

case 01 高性能が長続きするWB工法
コスパ最強&安心な家 …… 26

case 02 自然に人と空気が回遊
住み心地最高の平屋 …… 36

case 03 家の空気のクオリティを高める
家族の健康を守る家 …… 46

case 04 太陽光発電で光熱費を大幅削減
省エネを導く大屋根の家 …… 56

住んでよかったオーナーの声 UD様 …… 66

Part 2 生活しやすくてよかった

case 05 工夫ある設計で空間を広くする演出
2階リビングで家事楽な家 …… 68

case 06 目線を誘導し建材が意匠になる
居心地のよさが100年続く家 …… 78

case 07 景観と光を考慮したコの字形設計
全室から庭が見える家 …… 88

住んでよかったオーナーの声 SN様 …… 98

Part 3 居心地がよくてよかった

case 08 目的優先でライフプランから逆算
家族がずっと遊べる家 …… 100

case 09 家具と調和した内装デザイン
木の温もりに包まれた家 …… 110

case 10 暮らしの安全と安心の防犯対策
ずっと家族を守れる家 …… 120

case 11 1部屋で2役 空間の有効活用
ガレージが中心の家 …… 130

住んでよかったオーナーの声 IT様 …… 140

Part 4 家族一緒でよかった

case 12 生活の変化に対応できる設計と設備
未来を想定した家 …… 142

case 13 子育て中パン屋さんの夢ある設計 子どもと目が合う家 152
case 14 建築生物学で空気と水をきれいにする 家族の心を守る家 162
case 15 夢×家 家づくりは人生づくり 太陽をつかんだ家 172
住んでよかったオーナーの声 NT様 182

Part 5 「住んでよかった」を叶える設備

コスパ最強家電の善し悪し 184
防犯力を高めるアイテム 188
幸福度を高める外構演出 192
利便性を高める水回り 196
快適を導くプラスアイテム 200
おわりに 204

住んで
よかった
家にする
1

ライフプランをつくる

人生の豊かさとは？ 自問自答して判断

「住んでよかった家」の事例を紹介していく前に、お伝えしておきたいことがあります。家を手に入れるのは、ほかの買い物とは別の感覚を持つことが必要です。高額である、目に見えない特性がある、住んでみなければわからない……と検討すべき点が多いわりに、手に入れたあとのことを想像するのが困難だからです。家づくりは、いくつもの課題に対して1つずつ自分の答えを出していく過程がともないます。それを可視化するのがライフプランです。ライフプランにはマネープランのほか、さまざまな要素があります。

ここで向き合ってもらいたいのが「人生の豊かさとは？」という課題。これは「**どのように暮らしたいか**」ともいい換えられます。その次に「どんな家にするか」と進むわけです。**ライフプランができれば、さまざまな課題に対しての判断力が高まります**。

また、マンション、新築戸建、中古住宅など住まいの形はさまざまにありますが、どの住まいがライフプランに合うでしょうか？

「どのように暮らしたいか→こんな家」の早見表

どんなふうに暮らしたいかは“なんとなく”でもOK。自分と似たような理想を持って建てた家の例を参考にし、暮らし方のイメージを具体的にしていこう。

どのように暮らしたいか	本書で紹介している家
生涯同じ家で暮らし、子どもに相続したい	case01～15
災害に強い家で安心して暮らしたい	case01
泥棒や強盗の被害に遭わずに暮らしたい	case10
快適な室温・湿度で暮らしたい	case02、03
きれいな空気を吸って暮らしたい	case03、14
家事が楽になる暮らしをしたい	case05、13
物を片づけやすい空間で暮らしたい	case06、11
アウトドアをずっと趣味にしたい	case08、11
家族とコミュニケーションをとれる間取りにしたい	case01～15
プライベートを確保できる間取りにしたい	case12
家でも仕事をしたい	case11、12、13、14、15
部屋が小さくなっても庭やバルコニーを設けたい	case05、07
植栽や家庭菜園を楽しみたい	case14、15
趣味のスポーツやDIYを楽しみたい	case08、11
駐車をしやすくしたい	case05、11
木のぬくもりのある空間で暮らしたい	case06、09
敷地が小さくても広々とした空間で暮らしたい	case02、07
インテリアにこだわりたい	case01～15
カフェのようなキッチンで食事をしたい	case13
子どもが独立したあとにも使い勝手を考えたい	case01～15
二世帯で暮らしたい	case11

住んでよかった家にする
2

マネープランで比較する
マンションや賃貸より戸建てを選ぶ根拠は？

戸建てとマンション、持ち家と賃貸のどの住まいを選ぶかは、個人の判断によるものです。それぞれにメリットとデメリットがあります。ただ、戸建てを求めているのにリスクを感じて躊躇《ちゅうちょ》したり、見合わせたりする人にお伝えしたいことがあります。もちろん、戸建てを手に入れようと決めている人は、より前向きになっていただけると思います。

気になるのが、お金ですね。左の表は住宅に発生する支払いを比較した参考例です。**最終的に1か月間の支払い額で比較すると、耐震性や耐久性、断熱性などに優れた高性能住宅（14頁）が最も低くなります**。ローコスト住宅は初期費用を抑えられたとしても、結果、賃貸とほとんど同じ支払い額になります。また、引っ越しをすることになった場合は、表の出口売却の部分を見ていただければわかると思いますが、高性能ならば家に価値があるため貸したり売ったりすることが可能です。自分が望む利便性、快適性、デザイン性といった暮らしの豊かさは、注文住宅による高性能住宅が最も得られやすいといえるでしょう。

住宅に発生する支払い比較表

※金額の単位は万円

	高性能住宅	ローコスト住宅	賃貸(マンション・アパート)
坪数	32.0	32.0	
土地費用	1500.0	1500.0	
建物費用	3200.0	2240.0	
その他費用	300.0	300.0	
資金計画合計費用	5000.0	4040.0	
家賃	0.0	0.0	8.0(共益費含む)
住宅ローン	16.5	13.3	0.0
固定資産税	1.0	0.9	0.0
光熱費(水道代含む)	1.0	2.5	2.5
メンテナンス費	1.0	2.0	0.0
太陽光経済効果	-2.0	0.0	0.0
住宅ローン控除	-2.1	-1.7	0.0
10年間の月々実質支払い	15.4	17.0	10.5
年間収支	184.8	204.0	126.0
35年間収支	6513.8	7177.0	4410.0
70年間収支	7773.8	9445.0	8820.0
出口売却	-3100.0	-1200.0	0.0
差し引き	4673.8	8245.0	8820.0
1か月間あたりの費用	5.6	9.8	10.5

※住宅ローンの控除、耐久性による家屋の価値などを考慮して独自に算出したデータ。

住んでよかった家にする 3

家のタイプを選択する

建売・規格・フルオーダー、平屋・総二階

すべての家が高性能であることを前提にお話しします。完成（完成間近）の建物と土地をセットで購入できる建売住宅は、土地探しや住宅会社とのやりとりの手間が省けます。構造設計や建材の費用を抑えられるため、初期費用も低めというのも魅力です。一方、規格やフルオーダーを注文住宅といいます。規格はいくつかの種類が設けられ、変更やオプションをつけることもできます。フルオーダーはあらゆるものに要望を出しながらつくり上げていくものです。

もちろん、費用面も無視できません。ただ、必ずしもフルオーダーが最も高い買い物になるとは限りません。例えば、窓数を減らす、ベランダをつけないというように費用を削減することもできるからです。また、建売でもオプションや少しの変更を受けていることもありますが、割高になる傾向があるようです。

どのタイプが適しているかは、十人十色。先述の**「どのように暮らしたいか」という要望に答えてくれるタイプ**が最適ですよね。暮らし方に対する家の特性を知ったうえで見極めてください。本書ではさまざまな事例を紹介していきます。

理想の暮らしを実現するのはどっち？ 平屋と総二階の比較

地震への対策、また家族の少数化などの背景があって平屋を建てる人も増えている。「平屋＝小さい」というわけではない。

	平屋	総二階
土地の条件	屋根が大きくなる分、広さが必要になる。密集地だと日射を取り入れにくい。	土地面積が限られていても延べ床面積を確保できる。密集地でも日射を取り込む工夫ができる。
初期費用	基礎と屋根が大きくなる分、高め。	基礎と屋根が小さくなる分、低め。
耐震性	耐震対策が同じであれば、最も安全。構造計算の提出も不要（※計算が不要ではない）。	平屋と同じ耐震性にするにはプラス費用。構造計算の提出が義務（2025年4月～）。
間取り	1フロア内でできる範囲。屋根裏をロフトにできる。	1・2階でさまざまな設計が可能。将来、間仕切りをすることもできる。ロフトもOK。
家事動線	一般的に、どの部屋にもアクセスしやすい。	家事動線を工夫した間取りにする必要がある。
光熱費	冷暖房の電力が大きくなる。	場合によっては、平屋より低くなる。
収納力	間取りがコンパクトだと収納量が小さくなる。	空間を立体的に使い、工夫次第で収納力を高められる。
駐車場・庭	敷地を確保する必要がある。	延べ床面積を減らせば、同じ敷地内に設置が可能。

住んでよかった家にする4

すべての性能を高める

耐震性・耐久性・断熱性・通気性・気密性・省エネ性

「高性能＝快適」、**「高性能＝家の価値が継続」**と捉えてよいと思います。ただし、耐震性・耐久性・断熱性・通気性・気密性・省エネ性のどれか1つでも低いと計算式が成り立ちません。性能は住んでみないとわからない、また耐震性は災害が起こらないとわからないかもしれません。その際は法律で設定されている基準で理解することになりますが、**断熱性と通気性は、家に入った瞬間に感じられる**性能です。室温はもちろん、湿気を感じない空間は、これらの性能が高いです。逆に不快に感じたら性能が低いかもしれないと疑ってもよいでしょう。

建材や設備の価値、デザイン性、利便性は人それぞれで感じ方が違います。**家を手放すとき、その家の価値を出口価値といいますが、これは性能によって決まってきます**。高性能住宅は〝いい家〟と捉えてよいでしょう。長期優良住宅は、〝いい家〟の状態が100年先まで継続される家。その期間の住み心地が保証され、さらに売る価値が残り続けているのです。

長期優良住宅に住む！

長期にわたり良好な状態で使用するための措置が講じられた優良な住宅の建築・維持保全に関する計画が「長期優良住宅の普及の促進に関する法律」に基づき認定される。

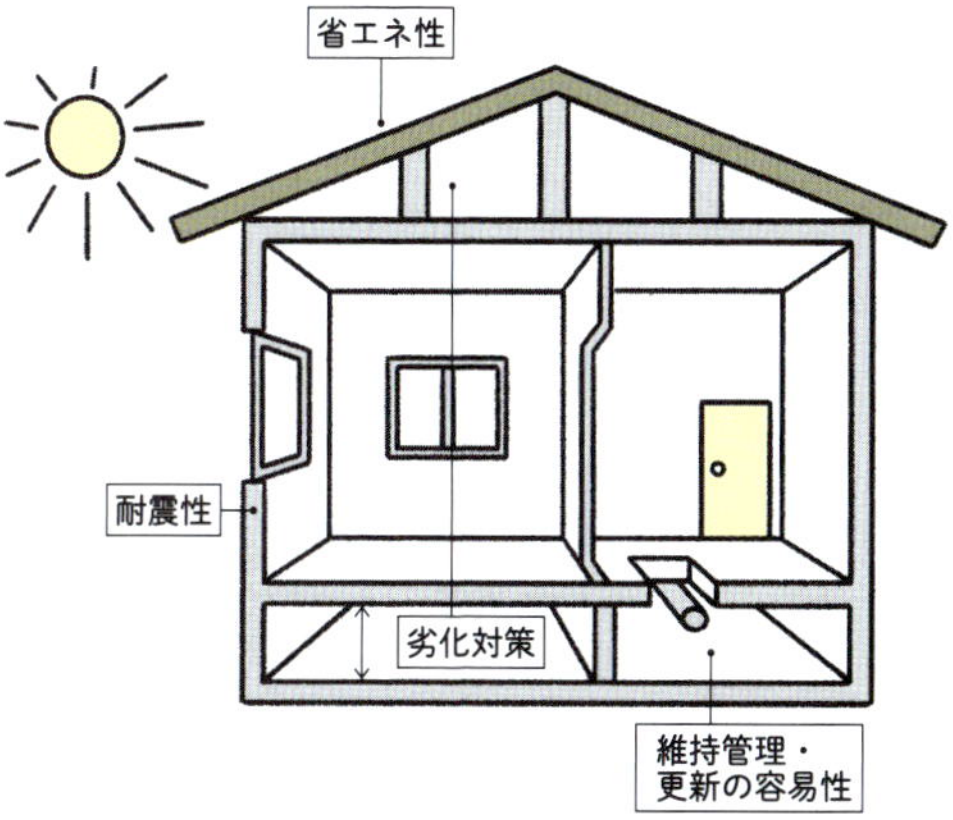

出所：「新築版 長期優良住宅認定制度の概要について」（一般財団法人 住宅性能評価・表示協会発行）

認定基準

劣化対策
数世代にわたり住宅の構造躯《く》体《たい》が使用できること。

耐震性
極めてまれに発生する地震に対し、継続利用のための改修の容易化をはかるため、損傷のレベルの低減をはかること。

省エネルギー性
必要な断熱性能等の省エネルギー性能が確保されていること。

維持管理・更新の容易性
構造躯体に比べて耐用年数が短い設備配管について、維持管理（点検・清掃・補修・更新）を容易に行うために必要な措置が講じられていること。

メリット

住宅ローンの金利引き下げ　税の特例措置　地震保険料の割引

耐震性　耐久性　断熱性
通気性　気密性　省エネ性

相互に関与し、
すべてが満たされて
高性能住宅になる！

住んでよかった家にする
5

将来にわたってコスパをよくする

メンテナンス費・修繕費、光熱費を削減

家づくりはトータルコストで考えるべきです。初期費用を抑えるために性能の高さを追求しないと、メンテナンス費や修繕費が発生し、光熱費にも影響してきます。11頁の「住宅に発生する支払い比較表」を見てください。高性能住宅はローコスト住宅よりも、メンテナンス費、光熱費が1か月間換算で2万5千円も抑えられています。太陽光発電を導入すれば、売電収入などでさらに2万円の経済効果を見込めます。これは**初期費用がローコスト住宅より1000万円高かったとしても、約20年間で回収できる**ことになります。その期間は快適に過ごし、それ以降も住み続けるとコスパはさらによくなります。

また、ある程度の年月が経ってリフォームしようと思っても、高性能にするには大きな費用がかかり、構造上、対応できないこともあります。物価の上昇で光熱費も高くなることが想定されますから、省エネ性の優劣はもっと大きな差が出てくるでしょう。**将来的に「住んでよかった」と感じるには、やはりライフプランをしっかり作成しなければならない**のです。

ローコスト住宅で想定されるメンテナンス

漏水、湿気、結露などで外壁が劣化する。メンテナンスの頻度が高くなり、それをしなければ修繕費が発生する。

初期費用の削減	経年状況
ひさしを小さくする、またはつけない	風雨が外壁に当たり、塗装がはがれたり、浸水によって割れたりする。
低価の建材を使用する	耐水性が低いと劣化を早める。
壁の内部構造を省略、または低価の建材を使用する	湿気がたまったり、結露が発生したりして、外壁と内部構造の建材が劣化する。

外壁の貼り替えや塗り替えの頻度が高く、都度数百万円がかかる

↓

ほかにも

- シロアリが発生する原因にもなる。
- 床の劣化など、被害が被害を生み、大きな修繕費が発生する。

高性能だと

- 塗装は20～30年に一度
- 貼り替えは不要

住んで
よかった
家にする
6

利便性と快適性を追求する

暮らし方を反映した間取りや設備

家は建てたらゴールではありません。家は人生の目的を果たすための1つの要素です。高性能住宅は、室温や湿度が調整され、耐震性や耐久性が高いことで安心して暮らせます。ただ、性能だけを満たしていれば暮らしやすいわけでもありません。利便性と性能以外の快適性も考える必要があります。

間取りは生活の役割ごとの場所を設定するものですが、移動しにくいとか、移動の無駄があるという間取りは利便的とはいえませんよね。例えば、**洗濯をする場合、脱衣室と洗濯機置き場、干す場所、収納場所の動線がスムーズであれば、とても楽**になります。玄関のシューズクローク、キッチンのパントリー、ファミリークローゼットなどが適切な場所とサイズになっていれば、収納しやすく、きれいな空間になって快適ですよね。エアコンの設置場所、照明の配置や種類、食洗機の性能など、設備においても選択次第で快適性は変わってきます。また、利便性や快適性には、家の性能も関与しています。例えば、日射を計算した間取りにすると断熱性が高まりますよね。**性能、利便性、快適性はセットにして**考えましょう。

利便性と快適性の高い間取りの例

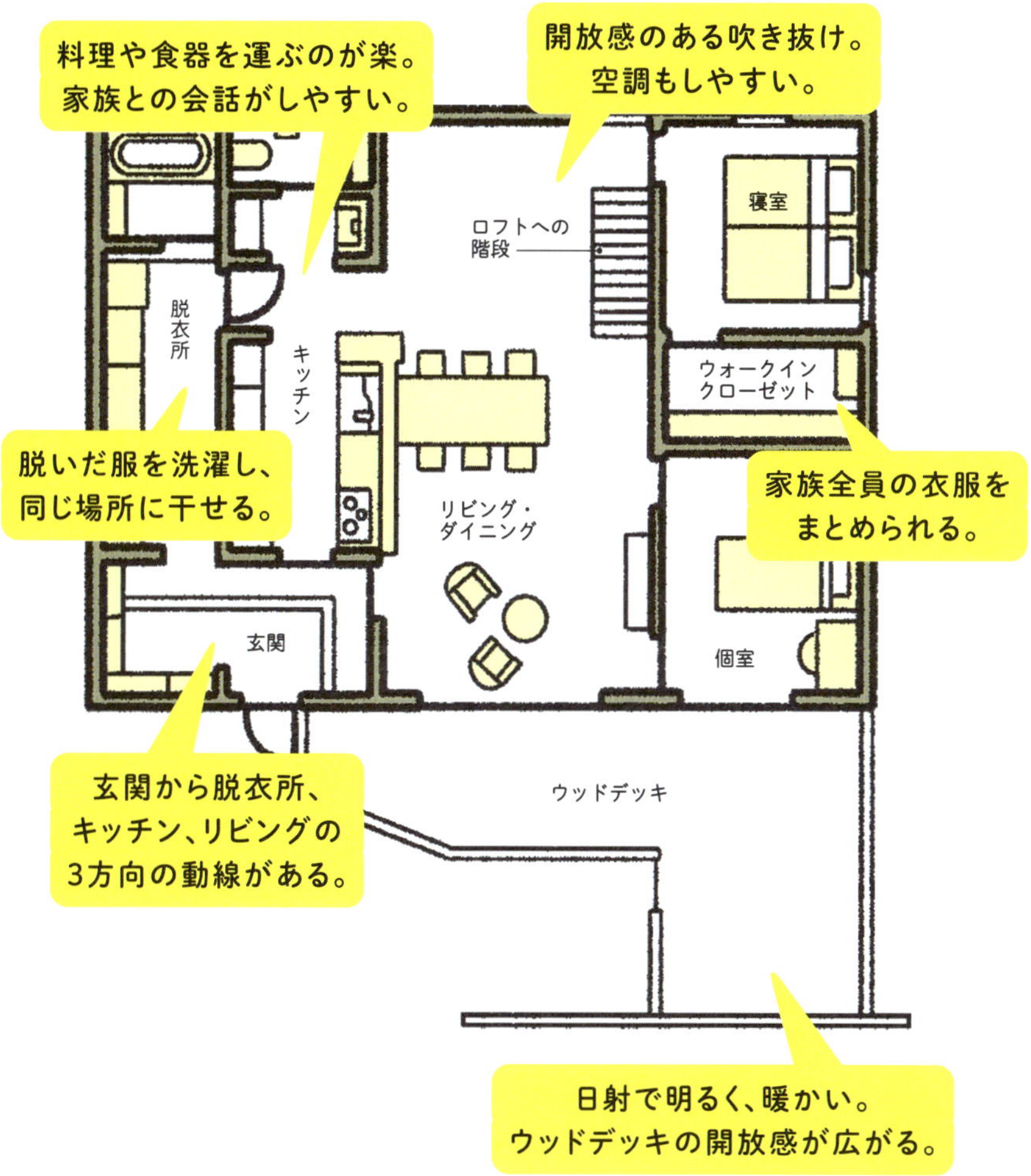
料理や食器を運ぶのが楽。
家族との会話がしやすい。
開放感のある吹き抜け。
空調もしやすい。
ロフトへの階段
寝室
脱衣所
キッチン
ウォークインクローゼット
脱いだ服を洗濯し、
同じ場所に干せる。
家族全員の衣服を
まとめられる。
リビング・ダイニング
玄関
個室
ウッドデッキ
玄関から脱衣所、
キッチン、リビングの
3方向の動線がある。
日射で明るく、暖かい。
ウッドデッキの開放感が広がる。

住んでよかった家にする 7

いい家を手に入れる方法を知る

住宅会社選びからモデルハウスの見学まで

家づくりを請け負う業者は、大きく分けてハウスメーカーと工務店。その間に位置する業態もあります。選ぶ際の目的や考え方は人それぞれです。**大切なのは、〝自分が理想とする家〟を手に入れられるか**です。もし、選択の判断に迷ったら次のことを確認してください。

① 現場の品質管理のシステムやマニュアルがあるか

② ていねいなヒアリングをしてくれるか

③ 自分ごとのように考え、データに基づいた提案をしてくれるか

④ メリットだけでなく、デメリットも伝えてくれるか

⑤ 建築中の現場視察や見学（構造見学）をさせてもらえるか

これらに対応してくれる業者は、お客さまにとっての〝いい家〟を追求しています。また、**モデルハウスの見学は、間取りやデザインだけでなく、空気の質も確認できて有意義**です。断熱性や通気性を見極めやすい夏場や冬場がおすすめです。

完成度を高める施工技術

ハウスメーカーも工務店も、大工などの職人は自社の従業員であることもあれば、別会社や個人と契約していることもある。施工の管理、職人の技術によって完成度が変わってくる。

信頼できる住宅会社

設計監理

設計図どおりに施工されているかという品質面、工期や予算を守られているかを、施工主の目線を持って設計士が確認する。

現場管理

責任者が工事現場を監督し、「工程管理」「品質管理」「安全管理」「予算管理」を行う。常駐する場合と巡回する場合がある。

第三者の監査

認定現場監査士が、設計工程の節目となるタイミング（複数回）で施工評価をし、改善や品質向上のためのフィードバックを行う。

構造見学をするべき！

家が完成すると見えなくなってしまう壁の中や基礎工事といった家の構造部について確認ができる。

- 家づくりの工法
- 耐震性について
- 断熱材などの確認
- シロアリ、壁内結露の対策
- 第三者による監査の有無
- スタッフと会社の信頼性

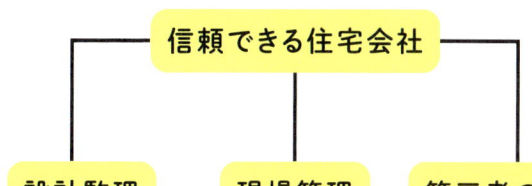

どんな家を手に入れるべきか？「住んでよかった」の導きチャート

家を建てたあとに「知らなかった」と後悔するのは残念なこと。
まずは視野を広げて自身の理想を思い描き、それと向き合ってみよう。

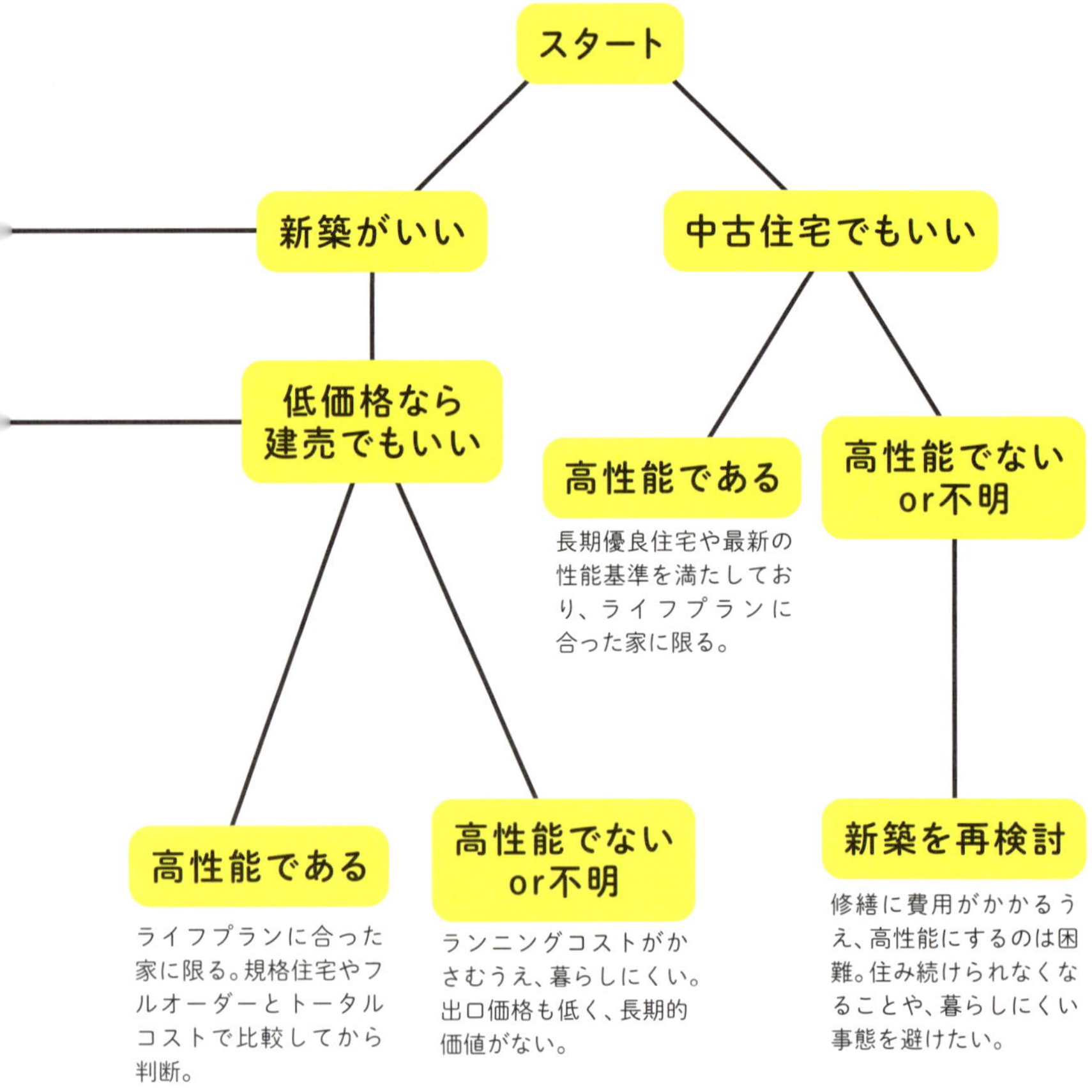

スタート
新築がいい
中古住宅でもいい
低価格なら建売でもいい
高性能である
長期優良住宅や最新の性能基準を満たしており、ライフプランに合った家に限る。
高性能でない or不明
高性能である
ライフプランに合った家に限る。規格住宅やフルオーダーとトータルコストで比較してから判断。
高性能でない or不明
ランニングコストがかさむうえ、暮らしにくい。出口価格も低く、長期的価値がない。
新築を再検討
修繕に費用がかかるうえ、高性能にするのは困難。住み続けられなくなることや、暮らしにくい事態を避けたい。

POINT① 高性能であることがおすすめ。

POINT② ライフプラン(暮らしやすさ)の妥協をしない。

POINT③ トータルでのマネープランと照らし合わせる。

POINT④ 理想やこだわりを追求する。

庭つき　造作家具　天然木材を使用　仕事スペース

眺望・景観　防犯対策　インテリア　オール電化

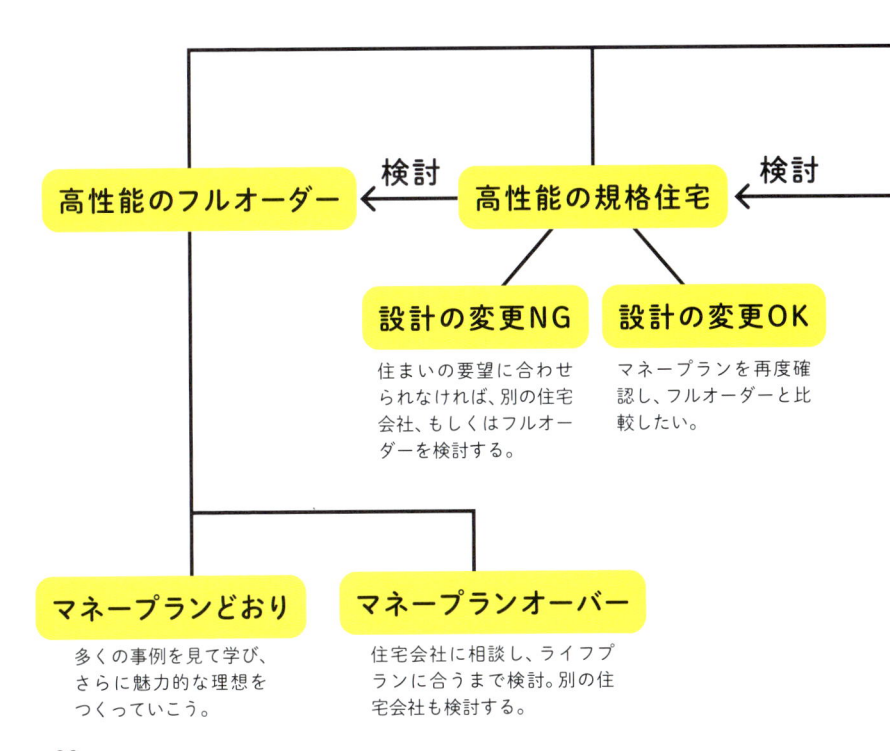

検討

高性能の規格住宅

検討

高性能のフルオーダー

設計の変更NG

住まいの要望に合わせられなければ、別の住宅会社、もしくはフルオーダーを検討する。

設計の変更OK

マネープランを再度確認し、フルオーダーと比較したい。

マネープランどおり

多くの事例を見て学び、さらに魅力的な理想をつくっていこう。

マネープランオーバー

住宅会社に相談し、ライフプランに合うまで検討。別の住宅会社も検討する。

・本書は２０２４年12月現在の情報に基づき編集しています。
・本書に掲載されている価格、名称、制度内容などは今後変更になる場合もあります。特に制度内容においては、管轄する組織・団体にご確認ください。また、図表で出所の記載がないものは、著者が代表を務める平松建築株式会社の事例やシミュレーションをもとに作成しています。

Part1

安心できる家でよかった

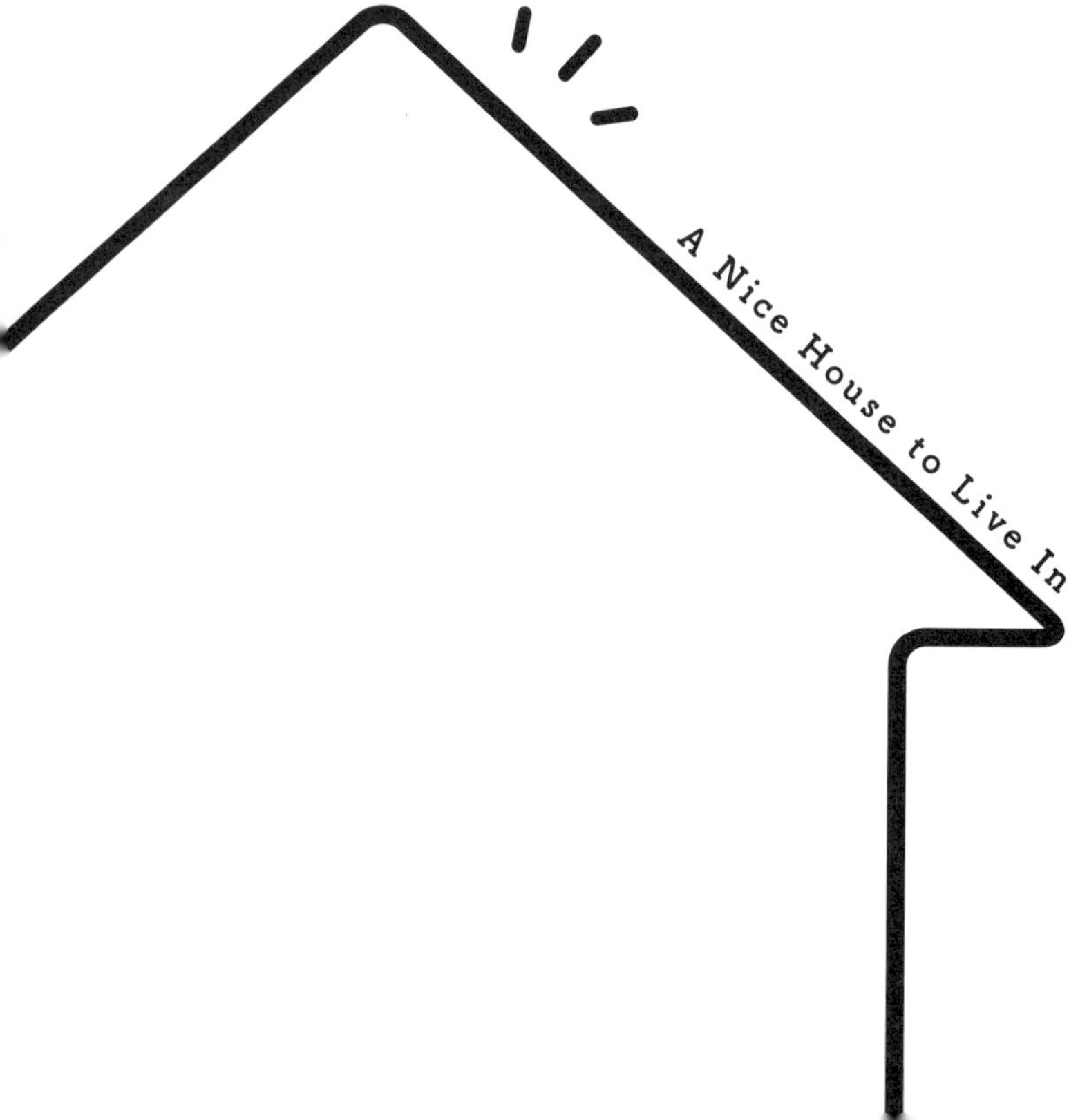

case 01

高性能が長続きするWB工法

コスパ最強&安心な家

地震発生は、予期せぬ災害とはいえない。
倒壊を防ぐことはもちろん、
地震後に損傷がなく住み続けられることが、
“強い家”といえる。
耐震性の高い家であれば、
日ごろから安心して暮らせる。

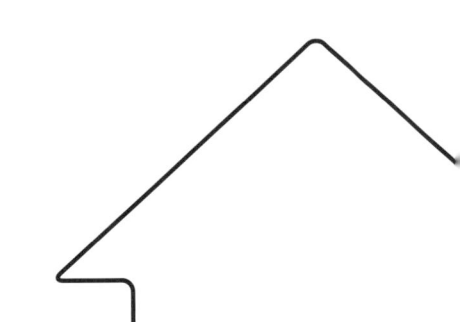

WB工法

正式名は「通気断熱WB工法」。W(ダブル)、B(ブレス)の意味。壁に二重の通気層を設置し、夏と冬で異なる役割を果たして一年中、快適な室温を保つ。形状記憶式自動開閉装置によって自動的に通風をコントロールでき、室内の空気が循環し、まさに呼吸する家といえる(35頁参照)。

▽命とその後の暮らしを守るための耐震構造
高い耐震性を持続するにはほかの性能が関与

地震の多い日本での暮らしには、不安がつきまといます。それを解消するために耐震構造の改良がはかられています。耐震性だけに注目すれば、鉄骨造やＲＣ構造が優れています。耐久性も高いので長い期間、安心です。ただ、木造住宅に比べて初期費用は高くなります。また建材自体が重いのでどの土地にも適応するかはわかりません。さらに断熱性が低いという側面もあります。断熱性が低ければ、冷暖房の光熱費が高くなります。

こうした背景もあり、**木造住宅でいかに耐震性を高めることが、家づくりの１つの提案**になります。現在、１つの基準となる地震力は建築基準法で定められており、性能表示制度ではこれに耐えられるものを耐震等級「１」としています。震度６以上でも倒壊せず、さらに繰り返しの地震に耐えるには、等級「２」、「３」が必要です。長期優良住宅（所轄行政庁から認定される）では「２」以上が条件（例外あり）です。**耐震性は耐久性も高くなければ維持できません**。それを実現する工法の１つが、ＷＢ工法なのです。

コスパ最強&安心な家

完成 建築中（2024年12月現在）　**建物面積** 106㎡（32坪）

分類 規格住宅　**オーナー** モデルハウス（3〜5人想定）

1階

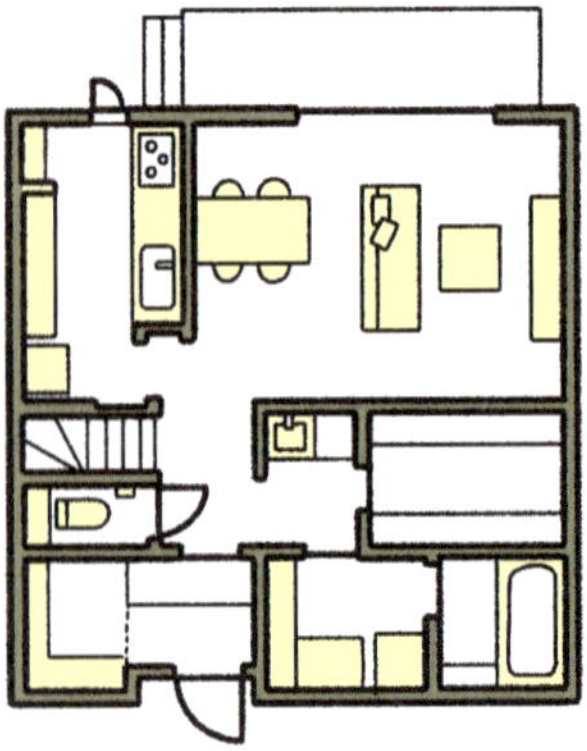

2階

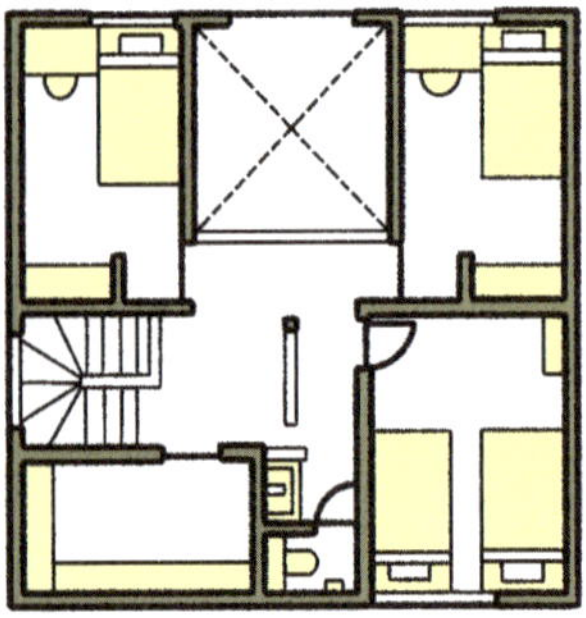

▽耐震性が高い真四角の建物 間取りの融通もきく

地震による負荷を弱めるには、家にかかる力を分散することです。正方形や長方形の構造であれば、1階と2階の壁が垂直に揃っているため、4面の壁にバランスよく力が分散されます。耐震壁にして横揺れに強くし、真壁《しんかべ》納《おさ》まりというもので力を逃す構造にできます。**真四角の家は構造がシンプルなことから、間取りの融通がきく**というメリットもあります。事例の家は、間口が7m28㎝で床面積は約105㎡。間口が9mあれば建てることが可能な規格住宅です。

外壁と屋根はガルバリウム鋼板（アルミニウム・亜鉛合金めっき鋼板）を使用し、軽くて耐震性が高く、耐久性も高いメリットがあります。太陽光発電の重量が大きくなっても心配ありません。断熱性や耐久性も高く、WB工法のため通気性にも優れています。さらに室内は吹き抜けを設置しており、夏は2階のエアコン1台で、冬は1階のエアコン1台で室内全体を適温にすることもできます。このように**耐震性の追求は、家のあらゆるところに波及**します。次頁でその一部を紹介します。

CLOSE-UP!

南側の大きな窓がエネルギー効率を高める

耐震性の追求と開放的な間取りは両立するもの。リビング・ダイニングに面する南側には大きな窓を設置し、日射熱と採光を効率的に取り込める。ひさしを大きくしているので、夏は必要以上に日射熱が入ってこない。

CLOSE-UP!

吹き抜けで1階と2階をつなげる

吹き抜けのメリットは開放感、1階と2階での家族のコミュニケーションの取りやすさがある。また、冷たい空気は下へ、温かい空気は上へ流れる特性を利用し、夏も冬も1台のエアコンの稼働で家全体を適温にできる。

CLOSE-UP!

ゆるい勾配の屋根で年中、太陽光発電

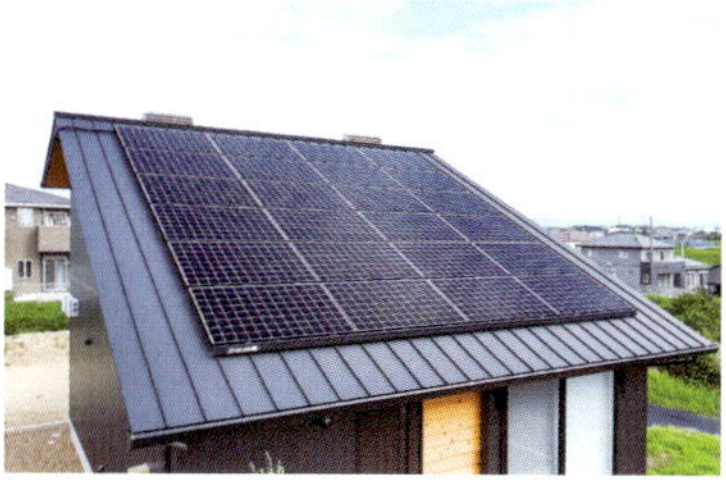

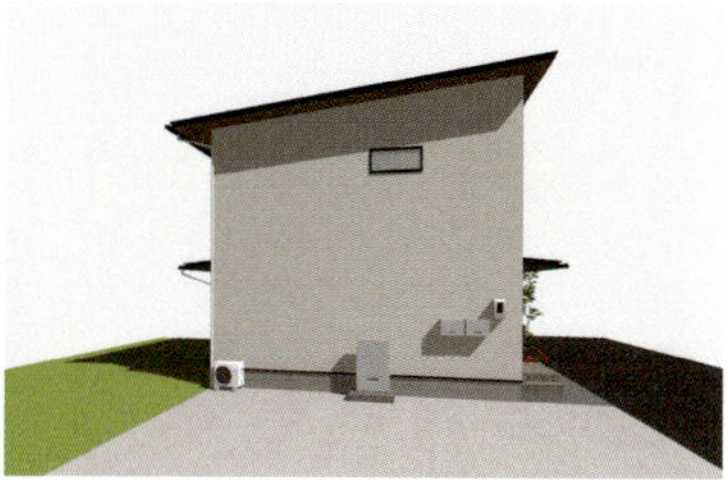

真四角な家なので屋根をゆるやかな勾配にできる。これにより1年中、一定の太陽熱が得られ、効率的に発電して省エネ性を高める。また、屋根の傾斜が小さい分、外壁の面積も減り、初期費用を抑えられる。

CLOSE-UP!

ガルバリウム鋼板で性能とデザイン性をUP

外壁に軽い特性のあるガルバリウム鋼板を縦貼りすることで、より耐久性を高めている。シンプルだからこそ飽きのこないデザインとなり、メンテナンス費用も不要。屋根にも同じ建材を使用。

▽最も優先順位が高いのが耐震性
過去の災害を教訓に安心を追求する

阪神《はんしん》・淡路《あわじ》大震災《だいしんさい》後の２０００年に新耐震基準が改正されました。「住宅の品質確保の促進等に関する法律」の耐震等級１が最低基準です。その後も日本では大地震が発生し、残念ながら住宅の倒壊がありました。被害報告では新耐震基準以前の木造住宅の倒壊が圧倒的に多く、２０１６年に発生した熊本地震では、耐震等級３の木造住宅ではほとんどが無被害でした。耐震等級３は消防や警察など防災の拠点となる建物、耐震等級２は病院や学校の耐震性に匹敵します。

また、木造住宅では建築確認の際に構造審査があります。延べ面積５００㎡以下、２階建て以下などの条件を満たす場合は「４号特例」という制度で省略とされてきましたが、この制度が２０２５年４月に改正され、現行法で４号に適合していた木造２階建て以下、高さ13ｍ以下、軒高９ｍ以下、延べ面積５００㎡以下の建築物は、２号または３号に区分され、建築確認手続きが見直されます。さらに、３００㎡超の建築物は許容応力度計算が義務化されます。これは、建築物の部材に生じる力の計算、地震力によって生じる変形量の計算を合わせたものです。平屋住宅以外は構造審査が必要になると思ってください。

　耐震性を高くするためには、当然費用が発生します。しかし、耐震性は最も優先順位が高いと肝に銘じておいてください。**私は「家づくりは人生づくり」というコンセプトを持っていますが、人生づくりをするには命が守られなければなりません。**ほかの部分で初期費用を抑える工夫がたくさんあります。その際に重要なのがトータルコストでの捉え方です。修繕やメンテナンスのランニングコスト、光熱費を抑えることができれば、トータルコストは抑えられます。また、耐久性を高めることも費用減のポイントで、この耐久性は耐震性を持続させることに大きく関係もしています。WB工法は高い耐震性、耐久性を実現できます。

耐震等級ごとの特性

	水準	補足
1	性能表示制度の最低限の耐震性能を満たす水準。	一般的に震度6強～7程度の地震が発生しても建物は倒壊に耐えられる。
2	耐震等級1で想定されている地震の1.25倍の力に対して倒壊、崩壊しない耐震性能。	長期優良物件の必須《ひっす》条件。熊本地震では耐震等級2の住宅も倒壊しているため、絶対に安全というわけではない。
3	耐震等級1の1.5倍以上の地震が発生しても軽微な修繕を行えば生活が続けられるレベル。	認定を受けると地震保険の料金が割引される。建築費用の上昇、間取りの自由度が下がるのがデメリット。

▽耐震性、耐久性、断熱性、通気性を満たし、初期費用を抑えて省エネ性も実現

真四角の家は耐震性を高めやすいことをお伝えしましたが、初期費用も比較的軽減しやすいです。シンプルな構造のため、建材も軽減できるからです。また、「陸屋根《ろくやね》」とか「平屋根《ひらやね》」というゆるい勾配《こうばい》の屋根にしていることでも外壁面積を減らせます。もちろん真四角の家にするには土地の条件が必要です。家づくりを土地探しからする場合は、頭に入れておくとよいでしょう。

土地はあとから変えることができません。同じように家の性能も後づけが難しい特性があります。例えば事例の家は、構造にＷＢ工法を採用しています。簡単に説明すると、床下から壁を伝って屋根に空気が流れる仕組みです。これによって**温度も湿度も一定に保たれる**わけです。また、室内の湿気も外壁を通じて屋外に流れていきます。これは１年中同じ作用が働き、**屋外と室内の温度差で生じる結露も発生しないため、外壁や屋根の建材が劣化しません**。つまり耐久性が保たれるわけです。耐久性の高い設計をしていれば、必然的に耐震性も長期にわたって高いままです。

高性能を備えた家は、修繕やメンテナンス費用も軽減されます。さらに太陽光発電を設置していれば、光熱費も抑えられます。冒頭で耐震性だけに注目すれば、鉄骨造やRC構造が適しているとお伝えしましたが、高性能を装備すれば木造建築も遜色《そんしょく》がありません。高性能を実現する工法はさまざまにありますが、トータルに見てWB工法の適応性が高いといえます。

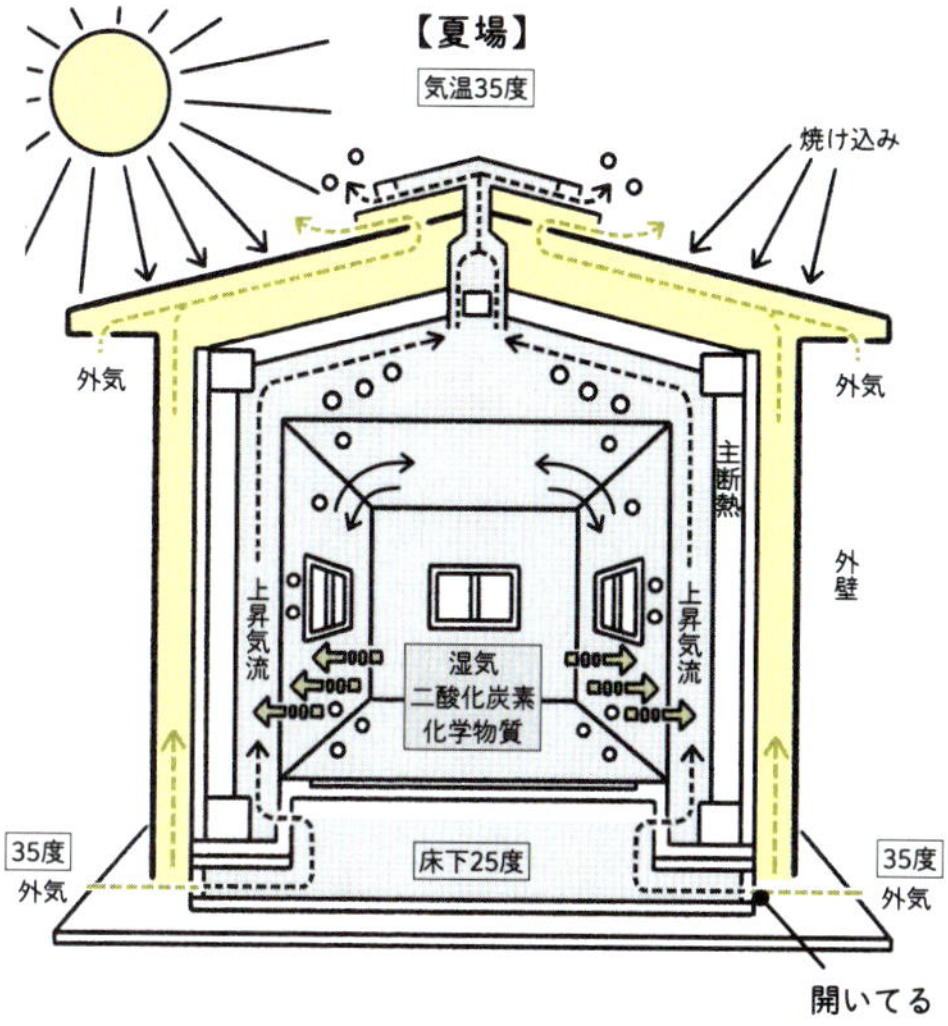

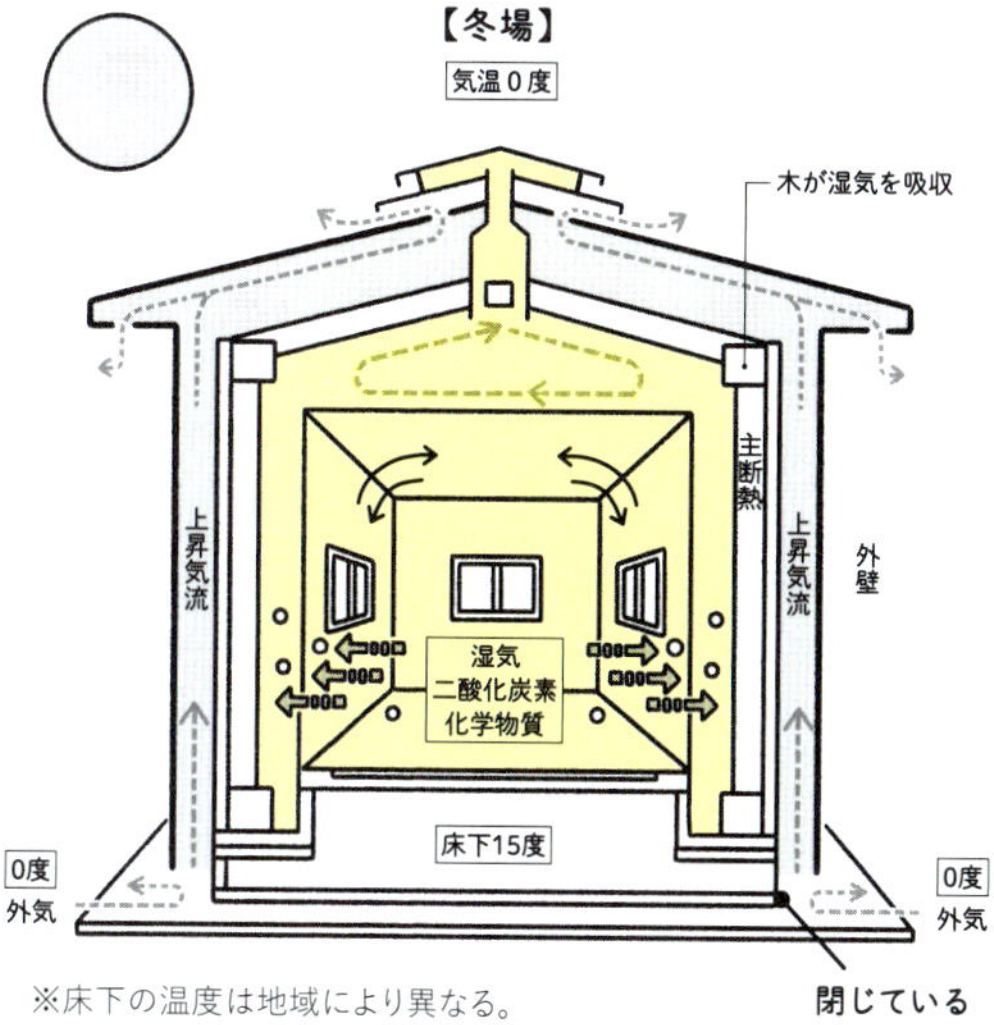

※床下の温度は地域により異なる。
図の出所：株式会社ウッドビルド

case 02

自然に人と空気が回遊

住み心地最高の平屋

耐震性を維持するには、高い耐久性が必要になる。
耐久性を低める要因は、
通気性の悪さや漏水などによる建材の劣化。
これらの対策を講じた家は
住み心地がとてもよい。
人と空気が自由に動ける家を案内する。

▼基礎から床までの温度がほぼ一定 外と中で湿気が自然に出入りする

冬の時期、case02の家がある地域の気温は5度くらいです。室内を20度くらいにするには、暖房のエネルギーコストが発生しますよね。ところがWB工法である事例の家の場合、基礎と床下の温度が15度です。つまり、5度ほど高めれば快適な室温になるわけです。しかも、室内全体が一定の温度で保たれています。この理由は、床・壁・天井の断熱性と、換気ロスを減らした濃度差換気にあります。

空気の質も重要になります。湿度は空気に含まれる水分量の度合いですが、快適な湿度というものがあります。日本は一般的に冬場は湿度が低くて、夏場は高く、ともに過ごしにくい要因になります。ただ、**WB工法なら湿気が屋外と室内を出入りできる設計になっているため、自然に快適な湿度が保たれる**のです。この湿度コントロールはとても重要です。湿気は建材を損傷させてしまいます。当然、耐久性が低下します。耐久性が低ければ、耐震性も持続しません。空気と湿気が自然に動く家、それは快適性を高めるとともに、家の性能を持続させる家なのです。

住み心地最高の平屋

完成 2023年1月　**建物面積** 88.2㎡（26.61坪）

分類 建売住宅　**オーナー** モデルハウス（2〜4人想定）

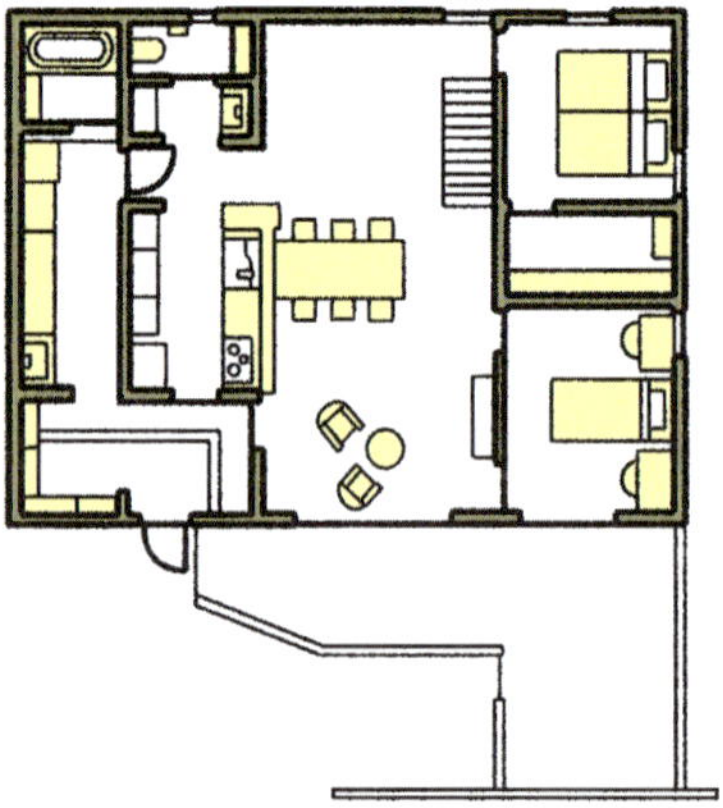

▽玄関とキッチンから2方向に移動できる
エアコンは1台で家全体の室温を調整

2LDKの平屋でロフトがついた間取りです。1フロアで生活がすべて成り立つのが平屋の魅力ですが、動線を考えた間取りにすると、さらに利便性が高くなります。

事例の家は、玄関からシューズクローク、洗面所、脱衣所、キッチンという動線と、玄関からリビング、キッチンという2つの動線があります。キッチンは左右どちらからでも移動でき、家事もスムーズに行えます。

ダイニングとリビングは吹き抜けになっており、開放感があります。この吹き抜けによって1階とロフトで空気が移動します。**夏はロフトのエアコンを稼働すれば、冷たい空気が1階へ。冬は1階のエアコンを稼働すれば、暖かい空気が2階へと移動**します。WB工法によって湿気や化学物質も天井へと抜けていくため、常に高いクオリティの空気になっているのです。まさに「深呼吸したくなる家」といえるでしょう。

さらに太陽光発電を設置しているので、光熱費がかなり抑えられます。

「人と空気がスムーズに動ける家」、これこそが住み心地のポイントです。

CLOSE-UP!

玄関からの動線が複数のパターン

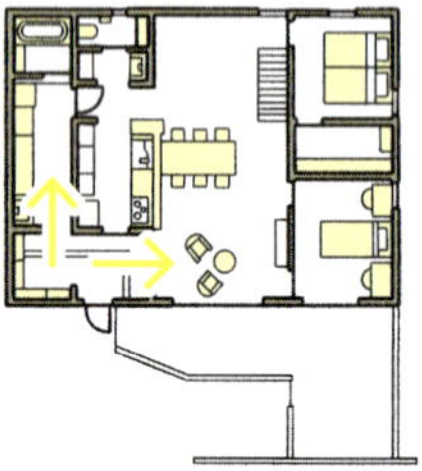

玄関の左側から入って、手洗いうがい、着替えをするという動線。買い物した食材をキッチンに運ぶ動線。お客さんをリビングにお通しする動線。玄関からの動線が２方向あると、あらゆるシチュエーションが満たされる。

CLOSE-UP!

ワンフロアで生活が満たされる

リビングを中心に、キッチン、お風呂、トイレ、ほか２部屋へ移動できる動線。子どもとの生活、老後の生活など、家族の成長（住み方の変化）に対応できる。平屋は耐震性が高く、生涯、安心して暮らせる。

CLOSE-UP!

エアコンを稼働させるのは1台のみ

夏はロフトに設置したエアコン１台、冬はリビングに設置したエアコン１台のみを稼働させる。冷たい空気は下へ、温かい空気は上へと流れる性質を取り入れる。家全体の室温を省エネで快適にする。

CLOSE-UP!

湿度が低いので室内干しも可能

給気と排気が自然にできる設計なので、浴室で洗濯物を干すことができる。冬は洗濯物で加湿効果も得られる。湿気が外へ抜けるので、お風呂場に窓も不要。これにより断熱性が高まり、掃除も楽になる。

▽床断熱をしたうえで基礎（下部構造）の立ち上がり部分も断熱

耐久性について解説する前に断熱性についてお話しします。耐震性のように断熱にも等級があり、以前は等級４が最高でしたが、現在は等級７まで進展しています。建築物省エネ法の改正により、２０２５年４月（予定）からは断熱等級４が最低基準となります。

断熱性を高める設計は大きく2つあり、その1つが床の断熱性です。

WB工法の場合、床の下に断熱材を敷いた「床断熱」と、基礎の立ち上がりの外周部も断熱する「基礎断熱」の両方を取り入れています。これにより、**基礎と床の空間部分が一定の温度**となり、室内を暖めるのです。基礎と床の温度は1年を通して大きな差はなく、夏場でも20度台前半なので、必要以上に室温を高めることにはなりません。

もう1つの断熱性を高める要因が外壁です。断熱材をたくさん使えばいいというわけではありません。断熱材が多くなると、外気と室内の温度差によって結露が発生し、建材を損傷させて耐久性を損なうことになるからです。

これを解消する方法の1つが、断熱構造。具体的には、外側から耐力面材→断熱材→プラスターボード→紙クロスという構造になります。これにより、夏は屋外の湿気が入ってきても再び外に抜け（室内に湿気が入らない）、冬は室内の湿気が入っても再び室内に抜け（室内を加湿するため）、外壁内で結露が発生しないのです。

断熱構造の比較

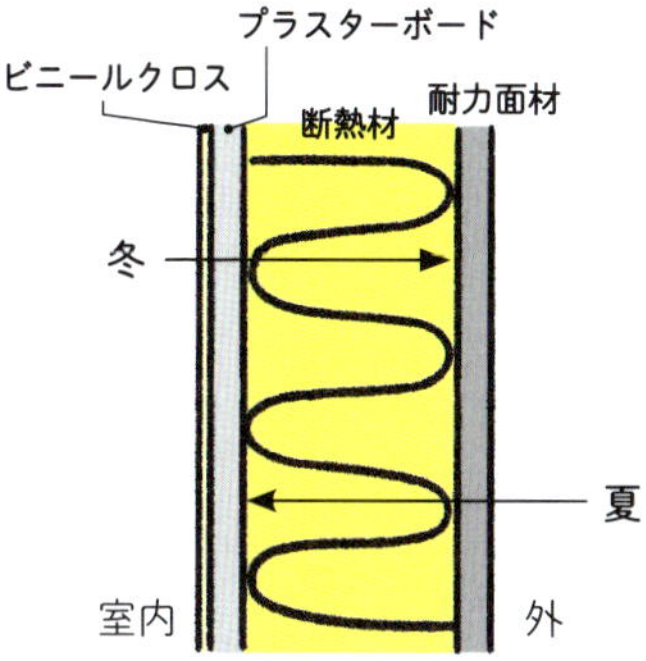

冬は室内の空気が断熱材を透過して温度が下がり、耐力面材の内側で結露する。夏は外気が流入して、ビニールクロスの内側で結露する。

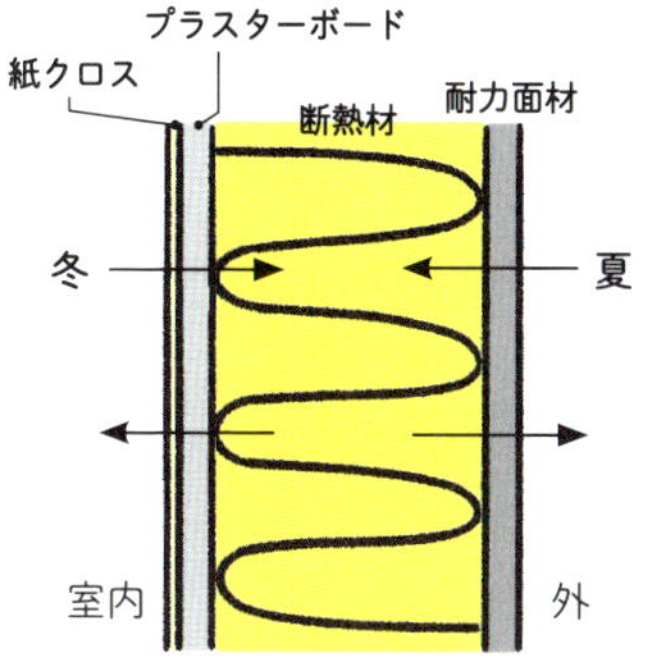

ビニールクロスを紙クロスに、プラスターボードや耐力面材を湿気の抜けやすいものに変更すると、冬も夏も湿気が入っても抜け、結露リスクが軽減。

▽通気性を高めることで室温とともに湿度を一定に保つ

事例の家は、夏はロフトのエアコン、冬は１階のエアコンを稼働させて家全体の室温をコントロールできることをお伝えしました。これは室内の各所に給気・換気口を設置して、より空気の流れが行きわたるようにしています。

また、空気を常に新鮮な状態にするには、外気との入れ替えが必要ですね。窓を開けての換気、換気扇の利用といった方法もありますが、室内の温度が変化してしまいますよね。ところが、**ＷＢ工法の家は、なにもしなくても常に新鮮な空気に入れ替わっています**。壁の中での通気です。ＷＢ工法のＷはダブル（二重）、Ｂはブレス（呼吸）という意味ですが、**家が常に呼吸をしている状態**だといってもよいでしょう。それは壁の中にある通気層によるものです。

ＷＢ工法の通気層は基礎部分から屋根まで通っています。これにより、床下の湿気も抜けてシロアリが発生しません。当然、給気口から外気が入ってきますが、室温に影響が出ない装置が採用されます。通気口に「形状記憶合金」を設置しているのです。

温度によって通気口が開閉し、冬は通気口が閉まり外気を入れず、夏は通気口が開いて空気を外に出す仕様になっています。

空気に含まれているのは、湿気だけではありません。におい、二酸化炭素、化学物質など、体に悪影響を与えるものが含まれています。これについては次の事例で詳しく説明します。**断熱性と通気性を兼ね備えることで耐久性が高まります。耐久性が高ければ、耐震性も持続します**。高性能を追求することで、安心な暮らしと快適な暮らしの両方が成り立つわけです。

通気層の構図

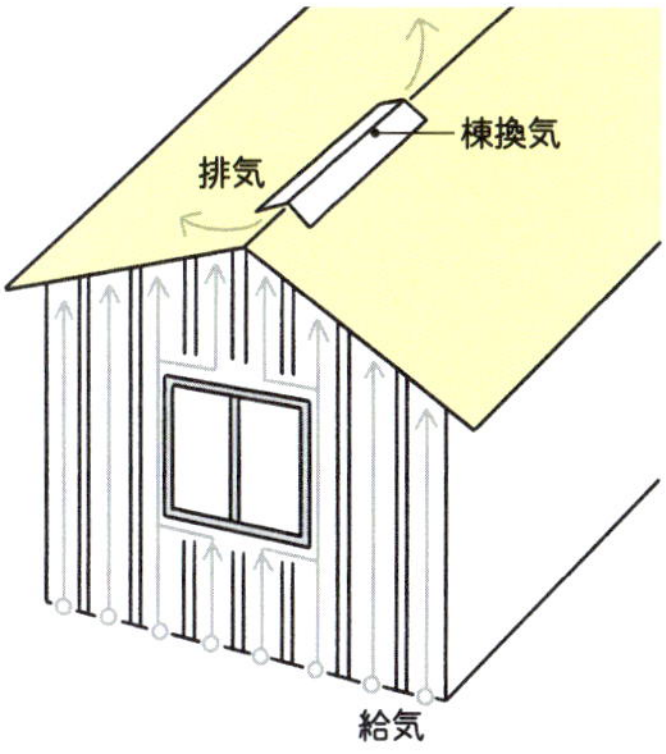

床下から給気し、通気層を通って屋根から排気される。通気層の通り道がふさがれないような構造にする必要がある。

形状記憶式自動開閉装置

暖かい
スプリングが伸びることで通気口が開く。

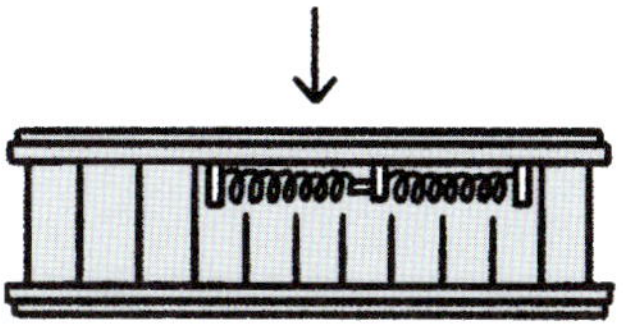

寒い
スプリングが縮むことで通気口が閉まる。

case 03

家の空気のクオリティを高める

家族の健康を守る家

人間は無意識に五感で快適さをはかっている。
その対象になる主なものが空気。
室温、湿度、二酸化炭素、化学物質、
においといった空気のクオリティを
とことん追求することは、家族の健康、
人生を守ることにつながる。

▽高気密・高断熱だけではない空気を自動的にきれいにする

建築技術は日進月歩で、高性能を実現する工法がさまざまに生まれています。高気密・高断熱においても同様で、それぞれの工法を否定するものではありません。また、熱交換や換気においても同様であり、熱交換換気システムという機械設備も誕生し、日々進化しています。

WB工法も高性能を実現する手段の1つ。ほかの工法と最も違うところは、**特別な設備や電力を必要とせず、自然に空気クオリティを高められる**ことです。ただし、WB工法にしたところで、その機能性を損なわせてしまうこともあります。これは先述のおさらいになりますが、窓の大きさや数などの面積、屋根のひさしの大きさ、屋根や外壁、内装の建材などが適しておらず、施工精度が悪いと、断熱性が悪くなり、内部結露や暑さ・寒さを招き、耐久性と耐震性を低下させることにつながってしまいます。こうした阻害点をいっさい排除し、さらなる高性能を追求することに時代は向かっています。ポイントは**間取りと、空気の流れをアシストする機能**です。

家族の健康を守る家

完成 2023年10月　建物面積 97.95㎡（29.62坪）
分類 規格住宅　オーナー モデルハウス（2〜4人想定）

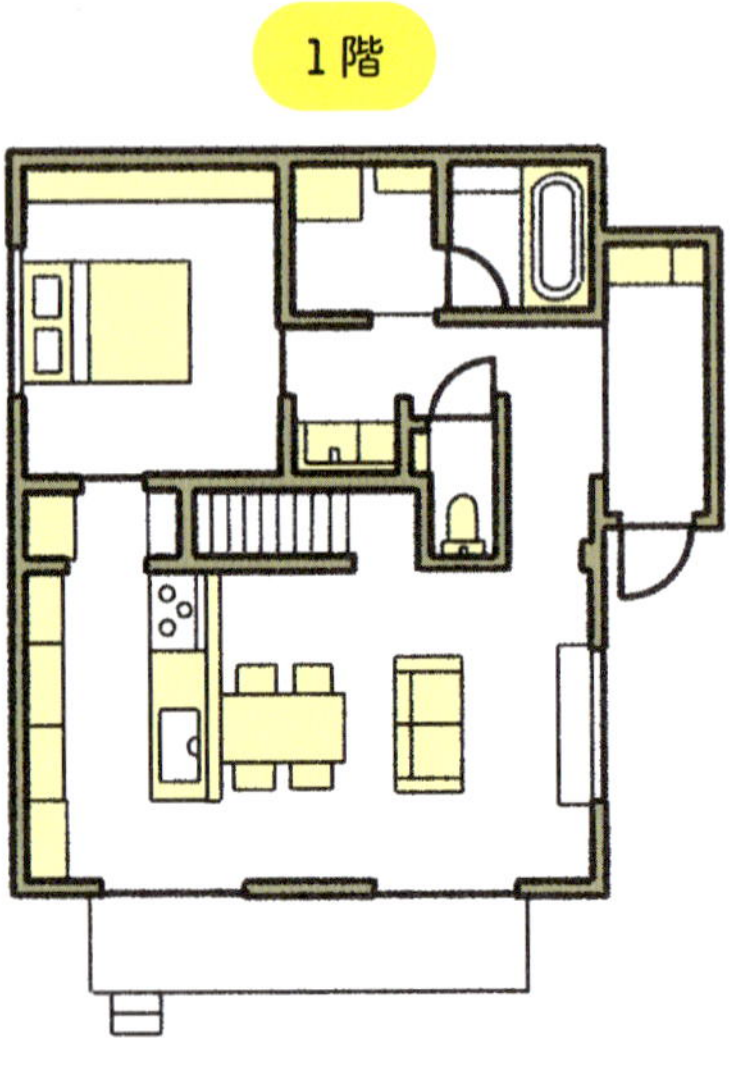

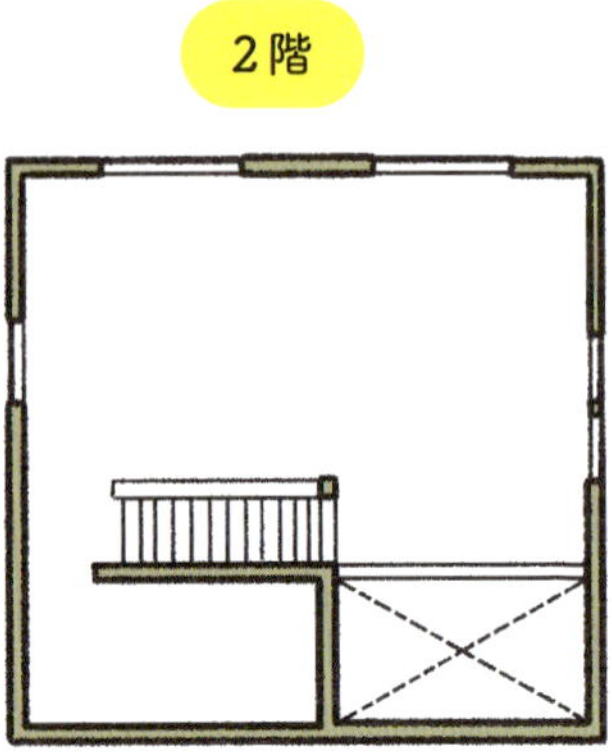

▽延べ床面積 30坪で空間に余裕が生まれ 常に新鮮な空気が回遊する

1階は1LDKとお風呂、トイレの間取りです。回遊性のある間取りで動線がスムーズです。1階だけで過ごすこともできる、平屋のような要素を取り入れた間取りです。屋根の勾配で天井が低くなる部分を吹き抜けにして開放感もあります。2階は屋根裏スペースと17・4帖《じょう》のフリースペース。壁をつくれば2部屋にすることもできます。建物面積が30坪ほどとは思えない開放感で、床や天井の無垢材《むくざい》も心地よさを助長しています。

快適な空間の真骨頂は、湿気をまったく感じないこと。脱衣所の隣に室内干しスペースを設けていますが、寝室でも2階でもどこでも年中、洗濯物が乾きます。クローゼットもまったく湿気がありません。お風呂には窓を設置していませんが、湿気の心配はなし。むしろ、乾燥した冬は扉を開けておくと加湿効果があります。**回遊性のある間取りが、空気の移動も容易にしている**のです。繰り返しお伝えしますが、WB工法なので自然に換気されており、空気は常に新鮮です。

CLOSE-UP!

北と西側の窓は小さく、数も最小限に

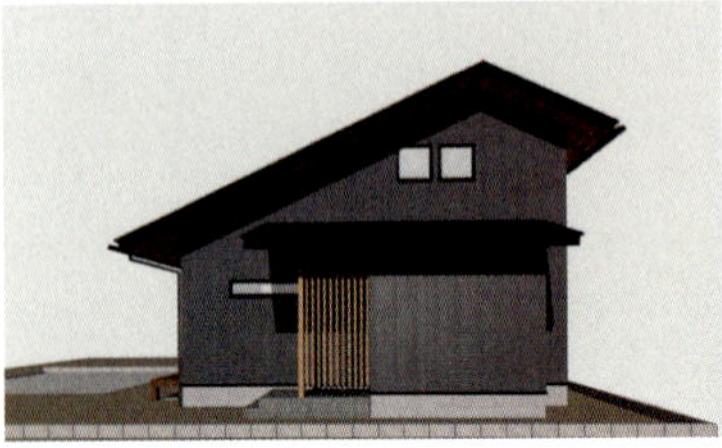

東側

北側

夏場の西陽は室温を夜まで高めてしまうもの。窓面積を小さくすることで光のみを取り込むのが最良。北側も同様。一方南側は大きな窓を設置しているが、ひさしを大きくすることで日射量を調整している。

CLOSE-UP!

1階と2階を空気が行き来できる吹き抜け

吹き抜けを通じて、夏は2階のエアコンの冷気が1階へ下降し、冬は1階のエアコンの熱気が2階へ上昇する。どこも同じ空気環境で生活できる。2階の廊下を壁ではなく格子にしているのもポイント。

CLOSE-UP!

屋根の勾配の空間を収納スペースに

2階は17.4帖という広々とした空間。設計の段階で間切りして2部屋に注文することもできる。屋根の勾配でできる空間は収納スペースとして活用。

CLOSE-UP!

湿度が一定なので床の触り心地がよい

自然素材を随所に取り入れている。床の触り心地がよく、素足になりたくなる。湿度が一定のため床の板もさらさらした状態で1年中、気持ちよく過ごせる。空気も年中きれいなまま。

▽外皮平均熱貫流率（UA値）を高める 快適な空気が各部屋にアクセスできる間取り

事例の家は、月々の電気代を平均すると1万円未満です。その理由は、熱損失が少ないから。外皮平均熱貫流率（UA値）という値があります。わかりやすくいうと、室内から外部へ逃げる熱量を外皮（外壁、屋根、窓など建物の外周）全体で平均した値です。この値が小さいと省エネ性能が高いことになります。一方で断熱性の基準でもあります（国土交通省が定める省エネ住宅のUA値の基準は、関東地方から九州地方までは最低基準が０・87以下で、断熱性能等級は４）。なお、このUA値は、２０２５年に義務化される省エネ性能の適合にも含まれる値です。２０３０年までにはその基準がさらに高くなる予定です。

室温と湿度を家全体として快適にするには、空気を拡散させること。快適な温度の空気を遮断するものは壁や扉ですが、それらを解消するのが間取りです。事例の家のように**吹き抜けになっていれば、空気は1階と2階を行き来できます**。家が完成して暮らし始めたとき、みなさん、この快適性に驚かれます。

もちろん、すべての部屋の扉を開けっぱなしにしておくことはできません。その場合、「ブースターファン」を活用する方法があります。エアコンを設置した部屋に換気口を設け、そこから給気した空気がファンの力で壁を伝って、別の部屋へ送り込まれるシステムです。シーリングファン（天井に取りつける扇風機）も空気を拡散させるのに有効です。

これが事例の家の電気代を年中削減できている要因の1つなのです。**光熱費の削減は「住んでよかった」という思いを助長する**ことでしょう。

断熱性能等級によるUA値

区分別の外皮平均熱貫流率（単位W/（M2・K）） ※東京・大阪など

		地域区分							
		1	2	3	4	5	6※	7	8
等級	等級7	0.20	0.20	0.20	0.23	0.26	0.26	0,26	—
	等級6	0.28	0.28	0.28	0.34	0.46	0.46	0.46	—
	等級5	0.40	0.40	0.50	0.60	0.60	0.60	0.60	—
	等級4	0.46	0.46	0.56	0.75	0.87	0.87	0.87	—
	等級3	0.54	0.54	1.04	1.25	1.54	1.54	1.81	—
	等級2	0.72	0.72	1.21	1.47	1.67	1.67	2.35	—
	等級1	—	—	—	—	—	—	—	—

外皮平均熱貫流率は、建物からの熱の逃げやすさを数値化したもの。UA値の数値が小さいほど省エネ性能が高いことを示す。断熱性能はこれに冷房期の平均日射熱取得率（建物への日射熱の入りやすさ）を組み合わせて決まる。地域によって気候条件が大きく変わるため全国を8つの地域に分けて基準を設けている。

出典：国土交通省「建築物省エネ法に基づく建築物の販売・賃貸時の省エネ性能表示制度」

▽機械設備を使わず自然に換気
化学物質を排出しない建材も重要

２００３年7月に改正建築基準法が施行され、すべての建造物に24時間換気システムの設置が義務づけられました。換気扇などの機械換気の設備です。ただ、換気はどの家にも機械が必要なものではありません。通気性が高いと常時換気させているのと同じ効果が得られます。通気層を伝って給気と排気ができる設計であれば自然に換気していることになります。

換気が必要なのは、二酸化炭素濃度や一酸化炭素濃度の問題だけではありません。ビニールクロスの内装、複合フローリングという建材を使用していると、目に見えはしませんが、化学物質が大量に発生しています。この化学物質が引き起こすのが、「シックハウス」です。実は**人間が体内に取り込む空気の重量の割合は、室内空気が最も高く、全体の約57%**にもなります。**室内の空気クオリティが住む人の体調を左右している**ともいえるでしょう。

こうした背景もあり、住宅性能表示制度の基準に化学物質濃度も含まれています（選

揮発性有機化合物の空気中の濃度評価

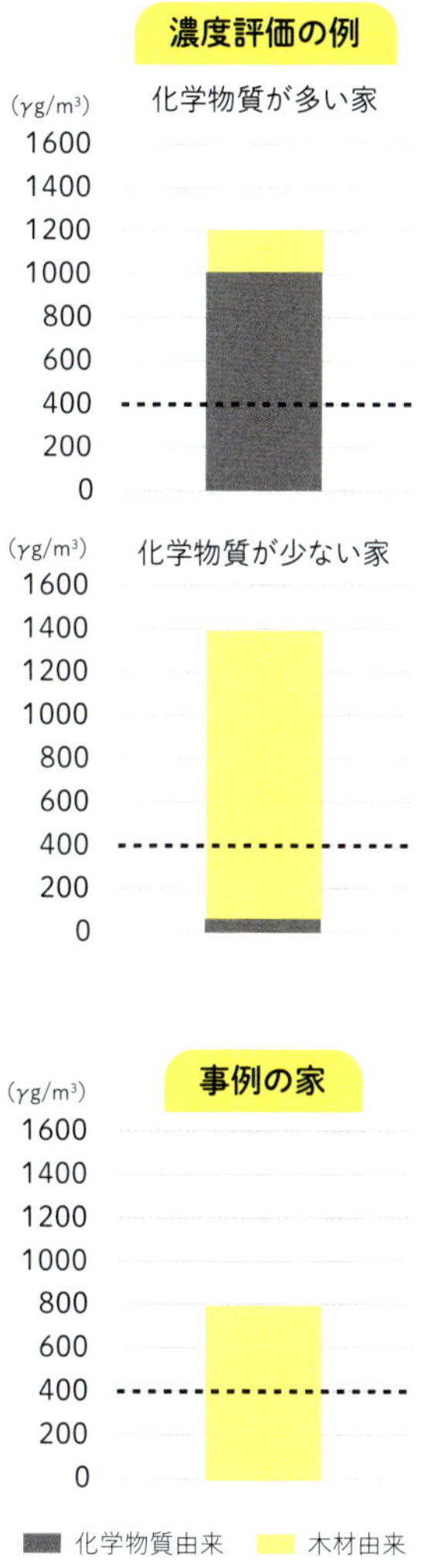

住宅性能表示制度とは?

耐震性、耐久性、省エネ性など見えない住宅の性能を、国に登録された第三者機関が専門の立場で最大10分野について公正にチェックする。2000年4月1日に施行された「住宅の品質確保の促進等に関する法律（品確法）」に基づく。

択制）。二酸化炭素の発生源は、人、調理器具、暖房設備です。揮発性有機化合物（VOC）の発生源は、建材、生活用品、生物です。家づくりで着目すべきなのが、建材です。建材そのもの、また塗料や接着剤も関係しています。住宅会社を選ぶ際、「揮発性有機化合物の空気中の濃度を評価する測定」をしているか確認してください。天然素材を使用している家は基準値を下回っており、空気クオリティが高いといえます。これは建材だけでなく、先に述べた換気システムや通気性も重要です。さらに断熱、高気密、通気性の高さも確保できて、快適な室温と新鮮な空気のある空間が実現するのです。

case 04

太陽光発電で光熱費を大幅削減

省エネを導く大屋根の家

耐震性や耐久性、断熱性、通気性は、初期費用がプラスになったとしても妥協したくない性能。
耐久性が高ければメンテナンスや修繕費用を抑えられ、さらに太陽光発電を設置することで、
光熱費の大幅な削減につながる。

▽太陽光発電の費用回収から光熱費までをトータルコーディネート

住宅にかける費用の種類はさまざまにありますが、初期費用のみをクローズアップしてしまう人もいます。もちろん、家を建てたあとにローンの返済が続くわけですから、できるだけ負担を減らしたいところでしょう。ただ、初期費用を抑えることばかり考えて性能を低くしてしまい、結果、耐久性が悪くてメンテナンス費や大きな修繕費が発生しては元も子もありません。性能はあとから高めにくいという側面があることを覚えておいてほしいです。

性能だけでなく設備においても同様のことがいえます。例えば、太陽光発電の設備です。規模によっても違いますが、初期費用が２５０万円くらい上乗せになります。仮に**40年間の設定にすると、総売電量での売電収入は約１０００万円、さらに電気代は約４００万円も削減**できます。こうしたシミュレーションを知っていれば、考え方が変わってきますよね。ただし、太陽光発電の設置に適しているのは、高性能住宅に限ります。将来を見据えた費用面と生活スタイルを考えてみましょう。

省エネを導く大屋根の家

完成 2022年5月　建物面積 96.05㎡（29.05坪）

分類 規格住宅　オーナー UD様（夫婦、子ども2人）

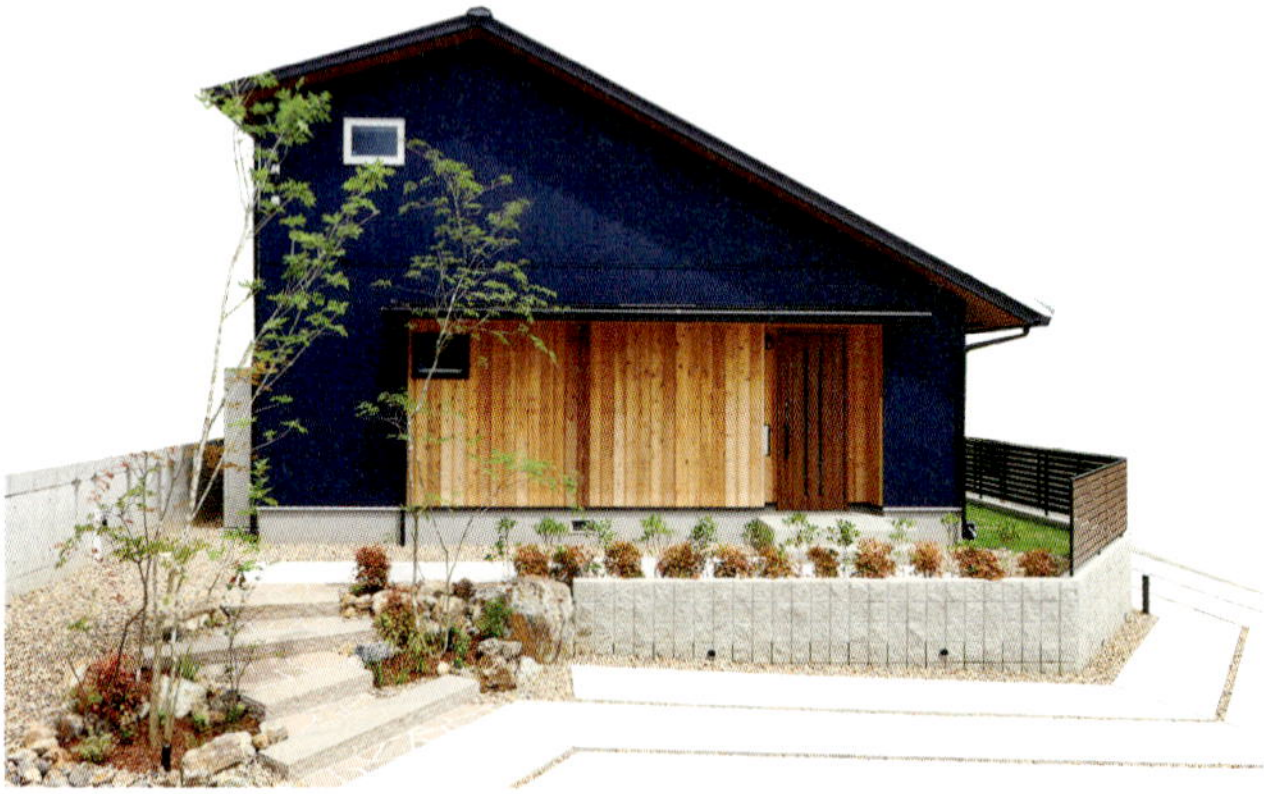

1階

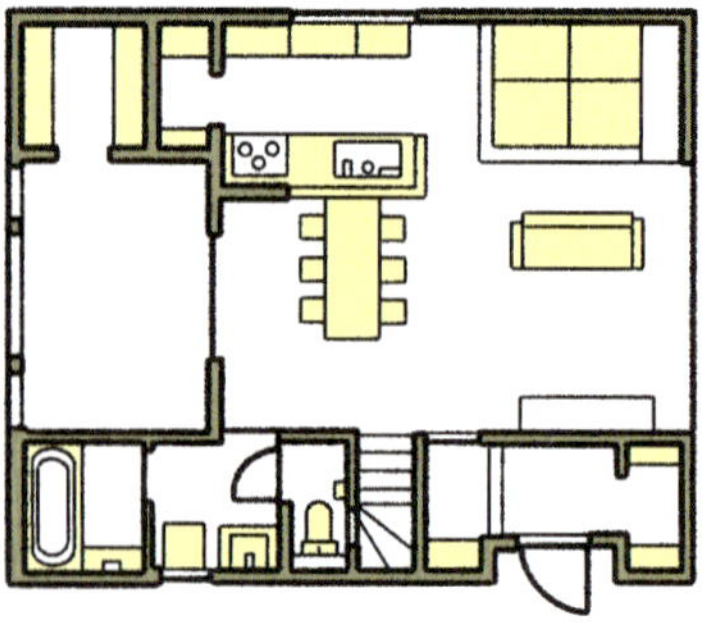

2階

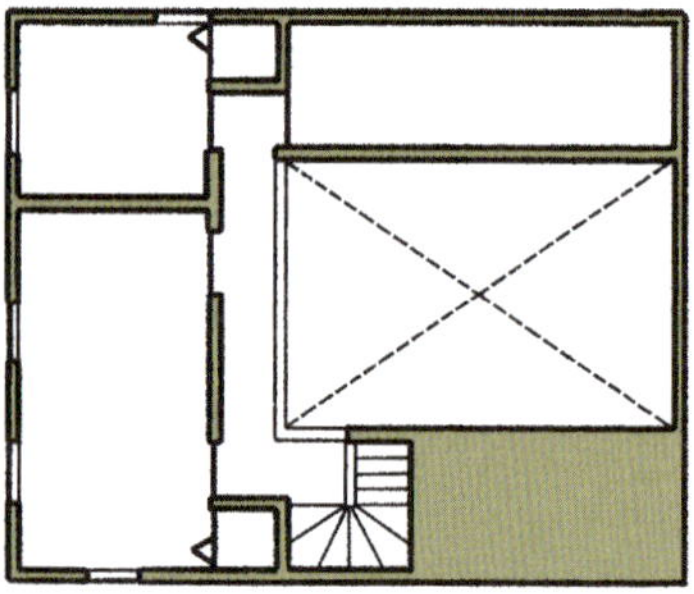

▽1台のエアコンから室内全エリアに届く快適な湿度もキープし続ける

ある夏の日の計測値を紹介します。外が気温32度、湿度70%の日、リビングは気温26・5度、湿度48%です。玄関もほぼ同じ。エアコンによる効果だとしたら限られたスペースだけの数値になりますが、2階のエアコン1台だけの稼働にもかかわらず、玄関や浴室、さらにはクローゼットの中もほとんど同じ数値なのです。これは断熱性、通気性が高いのに加え、開放的な間取りにしているため全室に空気が拡散しているからです。湿度の高いお風呂場も機械換気がいらないくらいです。

断熱性を高めていること、窓の設置場所や大きさを計算していること、ひさしによって日射量をコントロールしていることもポイントです。WB工法による通気性、換気性の高さから室内の空気も常に高いクオリティを維持しています。

夏はエアコンを24時間稼働していますが、電気代は８０００円未満とのこと。その理由は、高い省エネ性はもちろんですが、大きな屋根にあります。屋根には太陽光発電を設置しています。発電した電力が生活に活用されているのです。

CLOSE-UP!

大屋根の外装デザイン

片流れの形状で安定感のあるフォルムに。外壁と屋根に使用しているガルバリウム鋼板と、エントランス部分の外壁の木材が融合したデザインとなっている。

CLOSE-UP!

開放感ある吹き抜けと回遊性の高い間取り

吹き抜けによる高さを生みだしたことのほか、廊下をつけずに回遊性の高い間取りにしているため開放感がある。全室を空気が移動できるため、空調はエアコン1台で対応。

CLOSE-UP!

天然素材と金属系素材の融合

天然素材は見た目、触り心地による癒《い》やし効果が高い。キッチンはステンレス素材のキャビネットを採用。耐水性を高めるだけでなく、デザイン面でも木材と融合している。

CLOSE-UP!

将来を見据えた多様性のある設計

リビングと寝室の扉を開閉でき、広い空間にもプライバシーを守れる空間にもなる。2階の子ども部屋は間仕切りが可能。大屋根でできた2階のスペースは収納場所にしている。

▽太陽光発電を使用することで固定費削減 売電による収入もある

耐震性と耐久性が高ければ、太陽光発電の規模も大きくできます。その分、発電量が増えるので**光熱費の削減と売電による収入増が期待できる**のです。また、国産の太陽光パネルは、30年以上経過しても出力低下が10％程度の実績があり、最終的に発電量の心配もないといえるでしょう。

事例の家は太陽光発電を充実させたいから屋根を大きくしたわけではありません。片流れの形状はデザイン性に富んでおり、大屋根にすることで家の安定感も生まれます。さらに、屋根と外壁にはガルバリウム鋼板（アルミニウム・亜鉛合金めっき鋼板）という建材を使用しており、エントランス部分の外壁に使用した木の板ともよく合います。この建材は防水性が高く、耐久性を高める役割も担っています。つまり、家の性能、設備の機能性、デザインをトータルでコーディネートした設計なのです。

話を戻しますが、太陽光発電による光熱費の削減と売電収入は、長期間で見るととても大きな数字になります。次頁の表は、各種保証期間が25年の太陽光発電を設置した場合の費用対効果を示した例です。差し引きの収支を見て驚くことでしょう。**太陽光発電を設置することで家の初期費用がプラスになっても、コスパがよい投資**というわけです。なお保証期間がこれより短いものでもこれに近い収支が出ます。また、保証期間が短いけれど電気代をより最適化したものも出てきています。シミュレーションをしたうえで選択することを重ねてお伝えします。

太陽光発電の投資例

相場KW単価	250,000円
年間発電効率	1,200kW/kWh
素材	単結晶シリコン
出力保証	25年
製品保証	15年
設置費用	10kW 2,500,000円
30年発電量	5,400,000円
メンテナンスコスト	150,000円
差し引き収支	2,750,000円

▽オール電化で太陽光発電がより生きる
省エネ家電でコスパと利便性が増大

断熱性が悪ければ消費電力が増えるので、太陽光発電の恩恵を十分に受けられません。太陽光発電は耐震性と耐久性が条件とお伝えしましたが、断熱性も重要なのです。事例の家は6等級の断熱性がありますが、窓のカーテンを「ハニカム・サーモスクリーン」というものにして、さらに断熱性を高めています。「ハニカム」は「蜂の巣」という意味。蜂の巣のような形状は二重の空気層をつくり断熱効果を高めます。まさに自然の断熱機能といえるでしょう。

冷暖房の省エネ効果は、ＷＢ工法の特性で十分ご理解いただいているかと思います。実は**一般家庭で電力消費量の多いのが、給湯**です。例えば食器洗浄機もお湯を使いますよね。この食器洗浄機もさまざまな種類がありますが、大容量のものがおすすめです。現状、海外製のものがこれを満たします。1日に1回だけの稼働ですむため省エネになります。家事の負担も減るでしょう。もちろん価格は高くなりますが、国産のものより耐用年数が長いので、費用対効果が高いです。キッチンの給湯器においても省エネをはかった製品にするとコスパがよくなります。

キッチンのコンロは、IHクッキングヒーターを検討するとよいでしょう。「ガスのほうが、料理がおいしい」という意見もありますが、電気コンロの質もかなり発展しています。なにより火災のリスクも減ります。

このように**オール電化にすれば、太陽光発電の恩恵をより大きく得られます。なぜなら売電単価より消費電力の単価のほうが高い**からです。必然的にガス代や水道代も削減でき、光熱費のトータルコストが大きく抑えられるのです。また、事例の家では将来を見据えて駐車場に電気自動車用のコンセントも設置しています。費用は1万~2万円。自家発電による電力で自動車を使用できるようになれば、住宅費用以外での恩恵も受けられることになりますね。**将来の暮らしの想像を楽しむのも「住んでよかった」と感じる要因**のようです。

太陽光発電のメリットをいかすポイント

・耐久性、断熱性を高くしておく
・オール電化にする
・省エネ性能の高い給湯器を使う
・機械換気を使わない換気方式にする（WB工法）
・電気自動車を使用する
・自立運転システムをつける（150頁）
・蓄電池やV2Hを検討する（151頁）

住んでよかったオーナーの声

| UD様 | 省エネを導く大屋根の家（58頁） |

家を建てようとしたきっかけは?

A アパート暮らしをしていたころ、将来の住まいを考えることがあり、そのときはマンションや中古住宅も選択肢にありました。ただ、どれも性能面で懸念点があり、戸建てがベストだということになりました。

家づくりで優先したことは?

A やはり性能面です。家について勉強すればするほど、性能が気になり、住宅会社にもたくさん質問をしましたね。住まいを移す予定もなかったので、快適な生活を続けるために耐震性や耐久性、断熱性を追求しました。

住宅会社からの提案でよかったことは?

A 空気クオリティの説明を受けたとき、正直、最初はピンときませんでした。ただ、総合的なバランスのよさは感じました。規格住宅は細かなやりとりが省けるという点で時間的なコストも労力もかからず、自分には最適な選択でした。

住んでみて「よかった」と感じることは?

A 住み始めてすぐに「深呼吸したくなる家」だと気づかされましたね。アパートとは歴然の差です。その後、テレワークの状況になってより快適さを実感しました。快適な室温、湿度、きれいな空気で仕事もはかどるんですよね。

家族はどう感じている?

A エアコン1台で快適な空間になることに妻が一番驚いていました。節電のストレスもなく、自然にエネルギー量を調整できて、光熱費が削減できるわけですから。室内干しができるのもうれしいところです。

「こうしておけばよかった」という点は?

A 和室のカウンターに有線のLANをつけておけばよかったですね。私生活ではWi-Fiで十分ですが、仕事では有線のほうが安心だなと感じています。

人生において「家」とは?

A 幸せな家庭を築く一要素ですね。「家を使ってなにをするか」ということが大事で、家がメインになるものではないと思います。

Part 2

生活しやすくてよかった

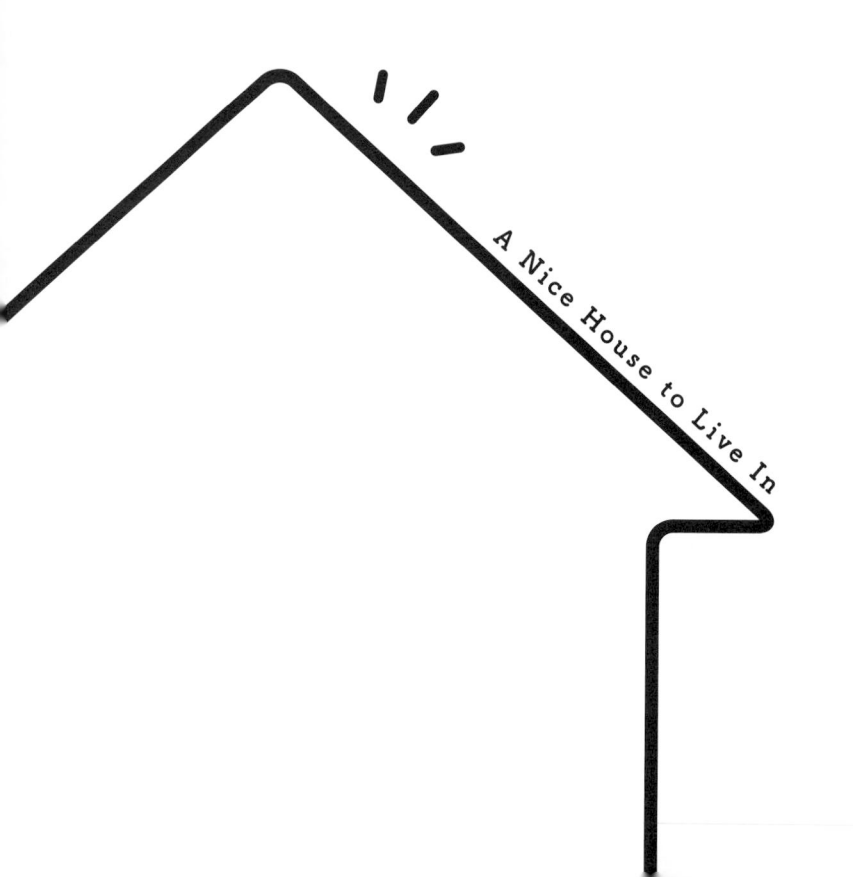

A Nice House to Live In

case 05

工夫ある設計で空間を広くする演出

2階リビングで家事楽な家

土地の条件によって家づくりは変わってくる。
気をつけたいのが、理想の家づくりを
土地の条件によって妥協してしまうこと。
住む人が十人十色であるように、設計もさまざま。
設計には目的を叶《かな》えるための役割もある。

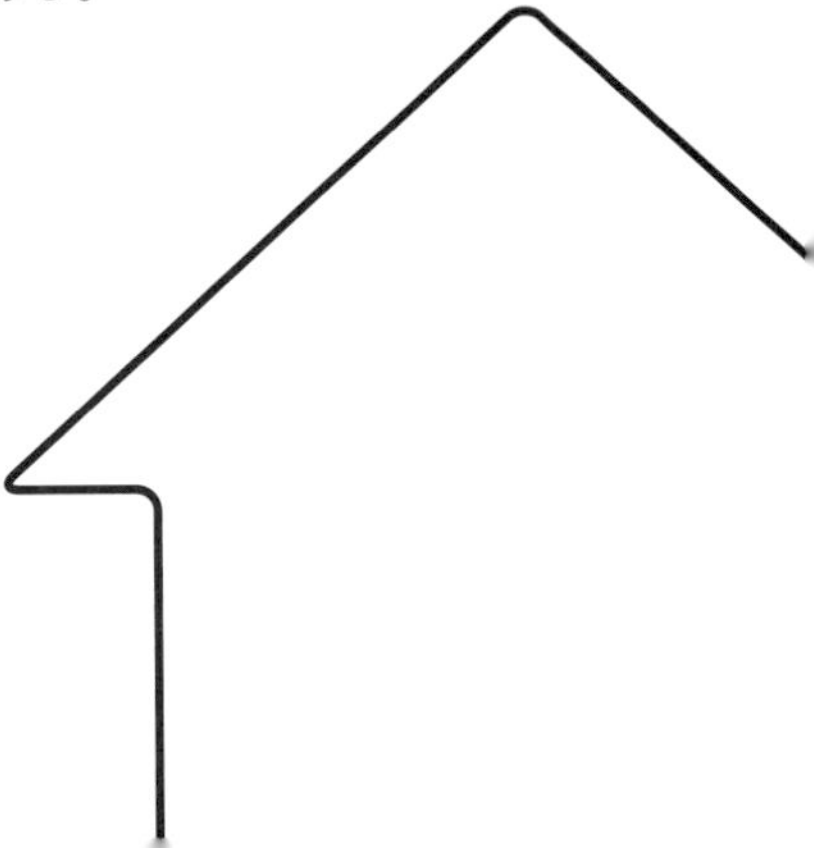

▽土地の条件によって家の設計が変わる 先入観より生活イメージを優先

正方形に近く、広い土地があれば、さまざまな設計を考えられます。とはいえ、最終的に決定する設計は1つです。縦に長い形状、狭い土地だったとしても目的を叶える設計ができれば同じだと思いませんか？

延べ床面積を広くするために3階建てを考える人もいるでしょう。もちろん有効な選択肢の1つですが、確かな構造計算のもと耐震性を高める必要があります。また初期費用がかさむところがネックになるかもしれません。総二階の構造でも空間を確保できる設計があります。

まず**「土地が狭いと限られた空間になる」という先入観を取りはらいましょう。回遊性のある間取りにして廊下分の面積が不要になる、デッドスペースを収納に使う、1つの部屋に2つの役割を持たせるなど、対処法はたくさんあります**。その際、空間の演出だけでなく、利便性や日射を考慮することも大切です。いつ、どこで、誰がどのように生活するのか、ライフプランをしっかり持っておけば、最適な設計になります。

2階リビングで家事楽な家

完成 2017年6月　建物面積 140.49㎡（42.5坪）
分類 注文住宅　オーナー SK様（夫婦、子ども3人）

1階

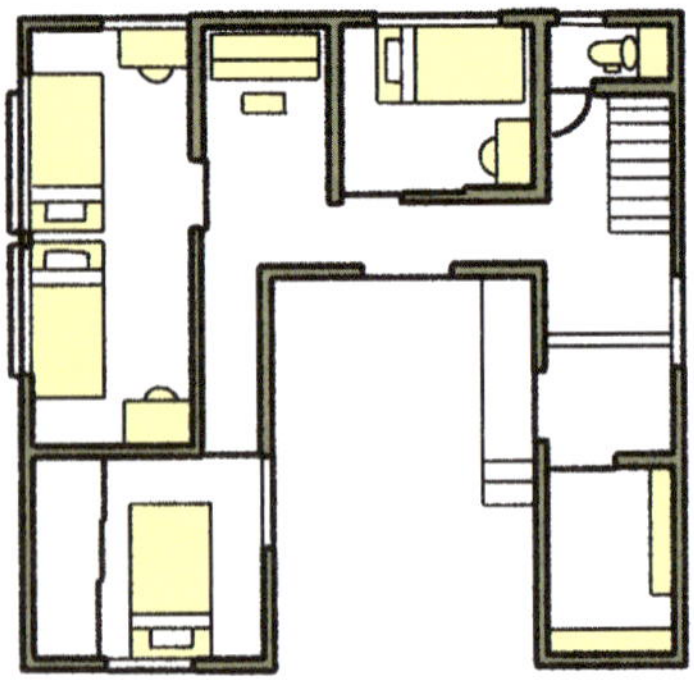

2階

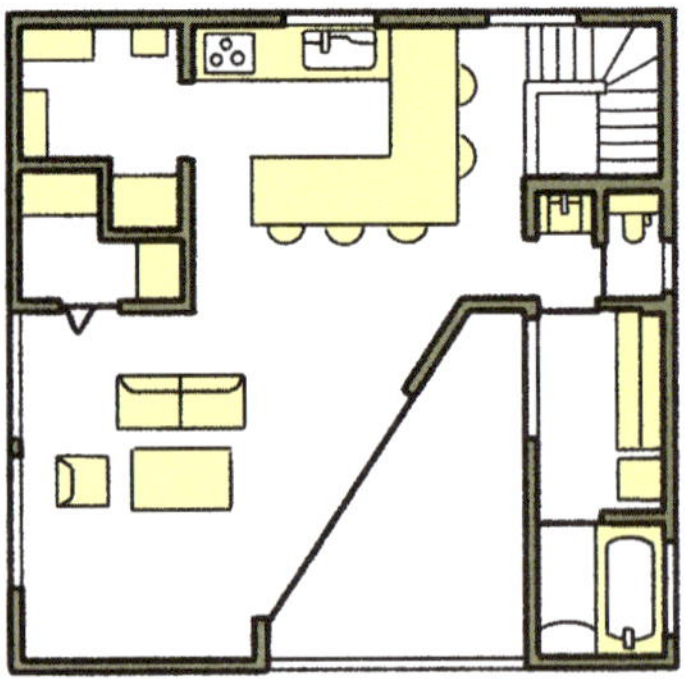

▽リビングからバルコニーに直結 風雨を防いで日差しをたっぷり取り込む

隣接した住宅との距離がない土地ですが、２階にＬＤＫを設置することで十分な日射量を取り込めています。家族が一緒に最も長く過ごすリビングを中心に考えた設計です。リビングや脱衣室とバルコニーは行き来でき、**２階で家事が完結します。バルコニーは庭としても機能しており、また屋内に設置しているため風の吹き込みや雨の降り込みの心配もありません。**

２階には天井板を設置していないので開放的な空間になっています。また、キッチンカウンターとダイニングテーブルを一体化させていることもリビングの広さを確保できたポイント。ダイニングの床をキッチンより高くすることで、キッチンに立つ人と椅子に座った人の目線が同じになります。利便性だけでなく、家族のコミュニケーションまで考えられた設計なのです。

１階は駐車場と寝室、子ども部屋が３つ。面積は小さくても家族のプライバシーを確保するために部屋数を多くしています。

CLOSE-UP!

リビングや脱衣室からバルコニーへ

洗濯機のある脱衣室からバルコニーまですぐにアクセスでき、物干しがしやすい。リビングとつながっており、庭としても機能する。防犯性やプライバシーの確保の利点もある。

CLOSE-UP!

日差しがたっぷり入った広々LDK

バルコニーに面した大きな窓に加え、別の側面には採光を目的とした小窓を設置し、明るい空間になっている。天井なしの空間で、露出した梁《はり》も内装デザインの要素になっている。

CLOSE-UP!

駐車場もバルコニーも建物の中

駐車場を建物内に設置し、その上がバルコニー。利便性はもちろん、風雨を受けないため建材の劣化や損傷も防げる。駐車場から玄関へ直接アクセスできる。

CLOSE-UP!

3人の子どもの過ごしやすい空間と収納

1階は寝室と3つの子ども部屋で、家族それぞれの空間を確保。収納も家族分が収まる大きさに。シューズクロークは可動式の棚で空間の無駄が出ない。

▽最高条件での生活空間を確保する高さを使った空間の演出

従来の住宅では1階リビングが定番でしたが、2階に設置する住宅が増えています。大きなメリットは日当たりと風通しでしょう。**住宅密集地であっても2階であれば日射量を十分に確保できます**。眺望のよい2階を生活拠点にするというのも豊かさにつながりますよね。また、1階の場合は2階の間取りの関係で吹き抜けにできない部分もありますが、2階はその心配はなし。天井がなくても問題ありません。そのため高さを利用した広い空間の演出ができるのです。

高さの演出は床でもできます。ダイニングの床を高くすれば、キッチンカウンターをダイニングテーブルにすることも可能。リビングでも小上がりの和室を設置して、小上がり部分を収納引き出しにするという設計もあります。

ここで重要なのが、**リビング単体だけで考えないこと**。事例の家は**お風呂も2階に設置し、衣服の着脱から物干しまでが一連の流れでできる**ようにしています。このちょっとしたことが、長期的に見れば家事の大きな負担軽減になります。

ごくたまに「2階に生活拠点があると老後が心配」という声を聞きます。しかし、よく考えてください。2階の上り下りが困難な場合、誰かの介護や支援が必要な状態ではないでしょうか。そうなると〝1階だから便利〟〝2階だから不便〟という観点は不要になると思います。また、事例では夜に過ごすことの多い寝室や子ども部屋を1階に設けています。寝るときに日当たりを望む必要はありませんよね。彩光目的の小窓を設置しておけば十分で、これは断熱性を高めるとともに初期費用の削減にもなります。

このように一見、**土地の条件が悪そうでも目的を明確にした設計にすれば、利便性や性能なども関連して高めることができる**のです。

補足になりますが、1階に部屋数を多くすることで柱の数が増え、構造計算上、耐震性の観点でも有利です。

老後の対応策

2階への上り下りが困難になった場合、1階の部屋をキッチンにリフォームする対策もある。その際、1階にお風呂を設けておくのも1つの考え方。住む人それぞれの暮らし方、考え方で設計は変わる。優先順位をつけておくとよい。

▽敷地を有効活用したバルコニーと駐車場 使い勝手とデザインを兼ね合わせる

家の中での生活イメージと同じように、車の出入りについてもイメージしてください。狭いスペースや縦列駐車しかできないような状況はストレスを感じてしまいますよね。土地の広さがないとスペースを最小限にしようとしてしまい、暮らし始めて後悔する声をよく聞きます。場合によっては車の大きさも制限されてしまいますよね。**家を設計する場合、駐車場から考えることもある**くらい、重要なポイントです。

また、雨の日も考えなければなりません。カーポートをつけて対策することもできますが、費用が加算することや、強風によって修繕・メンテナンスが発生する可能性があること、また日差しを遮断してしまうことというデメリットもあります。建物の中に駐車場を設けると、これらの問題はなくなりますよね。**駐車場から玄関にアクセスできれば、利便性も高くなります**。

バルコニーについてもメリットとデメリットを見比べて最善の設計をするべきです。風雨にさらされるような設計の場合、損傷や劣化によって修繕・メンテナンス費がかかります。WB工法の場合は通気性、換気性が高いため室内干しができ、バルコニーが不要という考え方もあります。ただ、事例のように**バルコニーを庭として機能させる**場合もあるでしょう。その際、**建物の内部に入ったインナーバルコニーにすれば、雨の日でも活用できます**。

利便性と性能に加え、デザイン面もこだわりたいですね。事例の家は駐車場とバルコニーが屋内に入った設計で、アクセントのある外観になっています。窓の形や位置によって外観の印象が変わるのと同じです。土地に条件がついていても、庭・駐車場つきで、利便性と性能が高く、デザインにも優れた家をつくることができます。

デザインが気に入った家なら、家族の幸福度もぐっと増し、ずっと続くと思いませんか。

インナーバルコニーのメリット

- 家事動線がよくなる
- 風雨にさらされない
- プライバシーを確保できる
- 庭として活用できる
- 外観デザインのアクセントになる

case 06

目線を誘導し建材が意匠になる

居心地のよさが100年続く家

100年以上ももっている日本家屋は少なくない。
性能面や技術、建材など、
今でも取り入れるべき要素が多く、学ぶことが多い。
温故知新、高性能を追求しつつ、
デザイン性に富んだ家は、
生活のしやすさと住宅価値をより高める。

▽いろいろな人の知恵が積みかさなって日本の家づくりは発展している

住宅業界は常に発展しており、新しい工法や技術、設備、建材が生まれ続けています。そのため、現場従事者としても、「あの建材を使ったらよかった」と思うことも正直あります。ただ、日本の家屋はとても優れており、昔の家屋の工法や技術、建材で理にかなっているものがたくさん見られます。こうした知恵をいかしながら、新しいものを融合させていくことで新しい価値が生み出されます。

例えば、１００年以上もっている家を見てみると、土壁に焼き杉の外壁、天井も天然の木で通気性が高い構造になっています。軒のひさしも大きく、風雨を防いできたから１００年経っても住み続けられる状態なのだと思います。

また、天然素材は経年変化による風情があります。この**天然素材とガルバリウム鋼板などを組み合わせると、また違った印象になります。**まさに温故知新です。実際に**天然の建材をたくさん取り入れるとなると初期費用はかさみますが、高性能による恩恵で、メンテナンス費や光熱費などのランニングコストを抑えられます。**

居心地のよさが100年続く家

完成 2023年9月　建物面積 154.64㎡（46.77坪）
分類 注文住宅　オーナー WD様（夫婦、子ども1人）

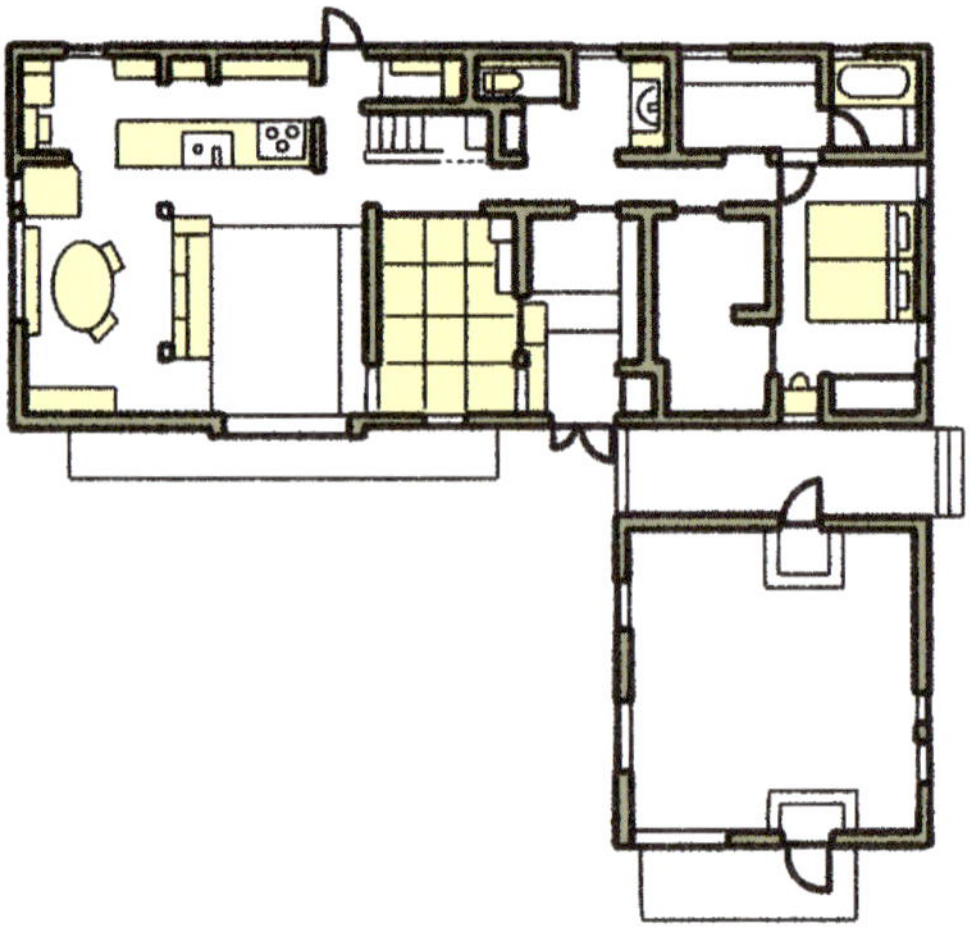

設計：JIN建築工房 一級建築士事務所

▽高性能、利便性、意匠を兼ね備え体と心の居心地を持続させる

高性能を実現したうえで、天然の建材を多用した家です。まず、外壁に焼き杉を使った漆黒に輝く外観。豊かな風合いで、色味の経年変化も焼き杉特有の魅力です。通気性、断熱性、長期耐久性の高さも利点です。防虫効果もあり、塗り直しなどのメンテナンスも不要です。内装は漆喰《しっくい》の壁、天然《てんねん》無《む》垢《く》材《ざい》の壁や床、天井で、お風呂は檜貼《ひのきば》りです。**見た目による優雅さ、風格、癒《い》やしを得られ、床は暖かくて触り心地がよく、また、自然塗料を使って健康的**です。天然素材自体の意匠性が高く、空間演出に一役買っていますが、それ以外にも演出の工夫が施されています。

例えばリビングは、一段下げた「ダウンリビング」という設計で、天井を高く見せる効果があります。照明は吊り下げタイプのものを採用しており、天井を眺めてもまぶしくありません。寒い時期には薪《まき》ストーブの炎も加わり、陽だまりのような心地よさです。天然素材の家具に真鍮《しんちゅう》を取り入れたり、キッチンの調理台をステンレス素材にしたり、**木材と他素材の組み合わせで、独特の空間を演出**しています。

CLOSE-UP!

利便性と意匠を兼ね備えた造作家具

注文住宅の利点は、造作家具（工事現場で大工がつくり、部屋との統一感を出すことができる家具）も注文できること。木材をベースに真鍮をアクセントにした収納家具は、家全体のデザインと融合。ソファもリビングのスペースに合わせた特注品。

CLOSE-UP!

外装は焼き杉、内装は漆喰の壁、天井や床は無垢材

古来の日本家屋の建材を採用し、モダンでありながら和の風情が随所に見える。焼き杉は断熱性や通気性が高く、機能性にも優れている。漆喰の壁や天井、床の無垢材も同様で、癒やしの効果はいうまでもなし。

CLOSE-UP!

薪ストーブや吊り下げ照明で空間を演出

薪ストーブの暖は室内全体を満遍なく暖める自然エネルギー。炎の揺らぎを見ているだけで心が温まる。照明は天井に直《じか》につけないことで、天井のデザインを損ねることなく、生活空間に必要な灯《あか》りをもたらす。

CLOSE-UP!

屋根裏部屋と秘密の断熱効果

書斎や子ども部屋になる、スペースを有効活用した屋根裏部屋。床の建材をスリット状の構造にすることで空気の移動も実現。さらにダクトを設置し、1階からの暖かい空気が流れてくる構造にしている。

▽利便性だけでなく、居心地のよい空間
注文住宅は空間演出もオーダーできる

回遊性のある動線は、家事をしやすく、生活にも利便的です。これに日常のくつろぎをプラスして考えることも大事ですよね。それは〝ゆとり〟です。

限られたスペースでゆとりを持たせる工夫の1つに、天井を高くするという方法があります。事例の家は平屋のため、吹き抜けを設けて高い天井になっています。また、81頁でも触れたダウンリビングは、リビングスペースのみをほかより一段下げることによって、日常生活と切り離せる空間を実現。天井はより高く感じられます。この天井は天然の無垢材を使用しています。照明が天井に直についていると灯りでまぶしく、天井の素材感を目視するのが困難です。そこで吊り下げ式の照明にし、天井には光が回らない工夫をしています。

キッチンや洗面所などの収納に造作家具を多用し、間取りに無駄なスペースをつくらないのも、室内にゆとりを生み出すポイント。後づけの収納家具にもメリットはありますが、**内装デザインに一体感をもたらすには、造作家具に分があります**。天然素

材を使用することで内装の建材と融合し、ゆとりを演出できるのです。屋根裏の床をスリット状にするのも圧迫感を出さない工夫で、これは空気の流れをつくるのにも有効な構造です。

昔の日本人は畳で生活していました。そこから見渡す景観は日本独特のものです。そこで天井や梁、和室では欄間など装飾の文化も生まれました。**日常生活に見上げるという視線が生まれることで、これまでにないゆとりを感じられる**はずです。平面だけでなく、立体でスペースを考えられた空間は、室内にいて大自然を眺望するのと同じような効果を得られるわけです。

造作家具のメリットとデメリット

メリット	デメリット
空間に無駄が生まれない。	生活にフィットしなくなる可能性がある。
デザインに統一感が出る。オリジナル性を出せる	デザインを変更できない。
マネープランに組み込める。	初期費用が高くなる。

生活の仕方をイメージしたうえで、メリットとデメリットを理解し、優先順位をつけて決めたい。確実にメリットが出ると思うところは造作家具を設け、あいまいなところには後づけというように臨機応変に考えたい。

▽天然素材を活用し、新しい和のモダンデザインに意匠的な効果とともに機能性も高める

温《ぬく》もりある空間は、木材など天然素材でつくり出すことができます。ただ、建材としては決して安価なものではなく、初期費用はかさみますが、長期的に見るとコスパのよい選択となります。

事例の家では、外壁の一部に焼き杉を使用しています。メンテナンス費用はかかりません。それなのに１００年経っても構造部分は劣化しません。もちろん経年変化による見た目の印象は変わります。ただその変化こそが、味わい深さになるのです。また、耐久性だけでなく、断熱性や通気性に優れた特性があるため、機能面でもプラスに働きます。

床や天井に使用した天然素材も同様です。見た目の美しさはもちろんですが、断熱性や通気性に優れているため、貼り替えなどのメンテナンスコストはかかりません。**床に触れたときの温かさや、さらっとした心地は快適で、天然素材のため家族の健康も守れる**のです。また、自然塗料なので化学物質も発生しません。ＷＢ工法は「ダブ

水回りは耐水性の高い建材にする

キッチン、洗面所、脱衣所（お風呂場の出入り口）、トイレは、水の影響を受ける場所。デザインの統一性を求めて木材の建材を使用すると劣化してしまう。耐水性の高い建材は価格が高いが、使用する面積を限定すればそこまで初期費用を圧迫しない。むしろ修繕・メンテナンス費用を削減できるので、長期的に見ればコスパのよい選択といえる。なお、木の風合いがある加工建材もある。

ルの呼吸」という意味ですが、天然素材も呼吸をしています。人間も呼吸をしています。**空気のよい循環によって、100年先まで深呼吸したくなる空間が続く**のです。

木材の大敵は水ですよね。**キッチンやトイレはどうしても水が直接建材についてしまうものです。そこでこうしたスペースの一部には、木材以外のものを採用**します。その際も耐久性や通気性に優れたものを選択し、さらに内装のデザインに融合するものにしています。なお、事例の家のお風呂は、檜貼りです。壁に少し空間をつくることで水の抜け道をつくり、湿気がたまらない工夫を施しています。

日本家屋の伝統美や文化を感じる空間は、生活の質を一段と高めるものだと思います。

case 07

景観と光を考慮したコの字形設計

全室から庭が見える家

敷地の条件によっては、
真四角の建物がベストといいきれない。
特に日射はあとからコントロールできないため、
設計の段階で考慮する必要がある。
高性能と生活の利便性を担保したうえで
光のある家づくりを追求する。

▽家づくりに欠かせない日照シミュレーション 構造や設計の考え方が変わる

建売住宅の場合、住宅会社によっては窓の位置や大きさを変えることができるかもしれませんが、それによって日照条件を大幅に変えられるわけではありません。例えば住宅密集地に家を建てる場合、1階にほとんど陽が差し込まないこともあります。先述の事例のように2階にリビングなどの生活拠点を設けるのも1つの方法です。これとは別に構造自体を変更して1階に日差しを取り込む方法もあります。例えば、真四角の構造ではなく、**コの字形の建物にした場合、空間が生まれます。この空間によって日照条件が大きく変わります。**なお、日照シミュレーションは家づくりには必須《ひっす》です。性能に関わるだけでなく、生活のしやすさにも大きく関係してきます。

日当たりのよさを追求するだけでも大きな意義がありますが、その際に間取りを工夫して生活の利便性や豊かさもセットにして考えたいものです。特殊な構造にするには初期費用がかかります。その分、日射以外のメリットも増やしていけば、費用対効果が高くなるのです。条件のよい土地の購入費用と比較しても、お得になるケースがあります。

全室から庭が見える家

完成 2017年9月 **建物面積** 139.94㎡（42.33坪）
分類 注文住宅 **オーナー** SN様（母、子ども2人）

1階

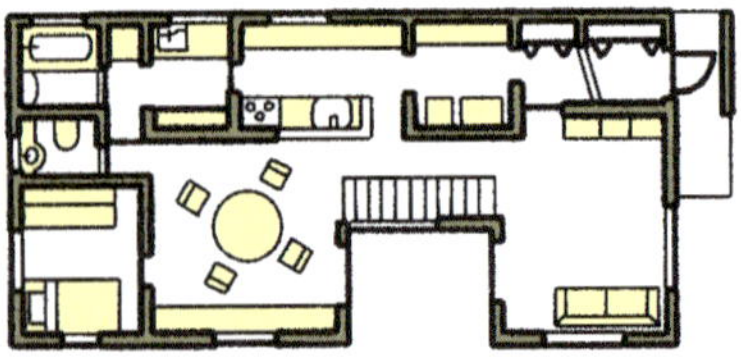

2階

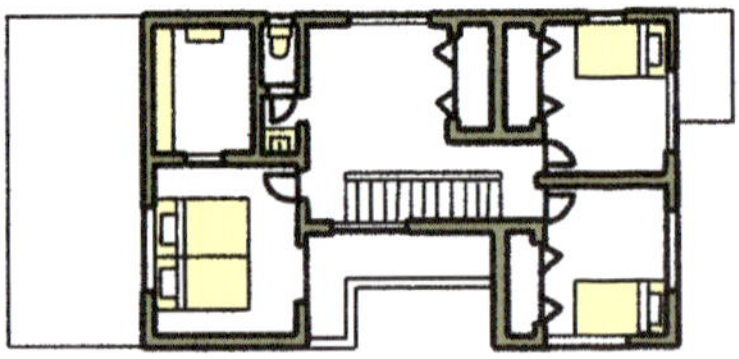

▽コの字形の構造であいたスペースを庭として活用
日当たりが良好になり、眺望も楽しめる

左右を住宅に挟まれ、南側は道路に面しています。駐車場を設置するので庭のスペースを設けるのは難しいという敷地条件でした。そこで提案したのがコの字形の構造です。これによりスペースが生まれます。すると、太陽が高い位置にある時間帯はここに日が差し込むのです。白い壁にすることで反射力が高まります。採光を確保できたことで、北側にダイニング、南側にリビングを設置しました。さらに**あいたスペースをウッドデッキ（中庭の代わり）にし、ダイニング、リビング、また東側に設置した階段のところからも窓外の景色を眺めることができます**。ウッドデッキを挟んでダイニング、リビングが見通せるため、広々とした空間を演出できました。

ウッドデッキには、3方向からアクセスできます。その上にあたる部分はバルコニーです。ひさしによって雨が降り注がないというメリットもあります。日当たりを求めることで庭つきの戸建てになり、室内からの眺望も生まれ、生活の利便性まで高めることができました。

CLOSE-UP!

窓外の眺望を楽しめるLDK

北側のダイニング、南側のリビング、また東側の階段越しにキッチンからも庭(ウッドデッキ)を見ることができる。3面が窓になっているため、空間が広く見える効果も。防犯、プライバシー確保も叶えている。

CLOSE-UP!

小窓からの彩光で落ち着きのある空間演出

ダイニングは庭に面していない外壁に小窓を設置し、そこからの採光も取り入れている。小窓には、一面壁という圧迫感を取り除くデザイン的な要素もある。

CLOSE-UP!

庭の上は屋根つきバルコニー

コの字のあいたスペースに、1階はウッドデッキ、2階はバルコニーを設置。延べ床面積が小さくなっても生活に必要な空間を確保できている。雨の降り込みを防ぐメリットもある。

CLOSE-UP!

家族が同時に過ごせる広さを確保

構造に合わせた間取り設計にすると、広さに余裕が生まれる。洗面所は2人が並べる幅。キッチン→洗面所（脱衣室）→お風呂というスムーズな動線になっている。

▽自然エネルギーを有効活用し、快適な空間を生み出すとともに光熱費を削減

断熱性は外皮平均熱貫流率（UA値）と、冷房期の平均日射熱取得率（建物への日射熱の入りやすさ）を組み合わせて決まります。後者は日射が熱に変わり内部発熱によって室内が暖かくなるというものです。

自然エネルギーを有効活用した設計手法を「パッシブデザイン」といいます。断熱、日射遮蔽《にっしゃしゃへい》、自然風利用、昼光利用、日射熱利用暖房の5つの要素を満たした設計になります。高性能に加え、パッシブデザインを採用した家は、光熱費を大幅に削減でき、まさに長期優良住宅といえます。ただ、敷地条件によって必ずしもパッシブデザインを実現できるわけではありません。その場合、別の方法で断熱性を高めるという対策を施します。

仮に日射熱利用による断熱性が不十分だったとしても、「昼光利用」は工夫次第で取り入れられます。事例の家はコの字形の構造にすることで、昼光を確保しました。光は直射日光だけではありません。屋外の照度を室内に取り込めればよいわけで

す。これは「昼光率」であらわすことができます。直射日光を除く屋外の照度（全天空照度）に対する室内の測定点の照度の比によって、採光の可能性を示す指標です。値が高いほど評価が高くなります。昼光利用の1つに天窓の設置がありますが、断熱性や耐久性、また日射遮蔽という観点から慎重に検討するべきでしょう。

事例の家ではコの字形のくぼんだ部分の外壁を白くすることで、光を反射しやすくしています。費用をかけなくても工夫すれば光の恩恵を受けられるわけです。

さらに**「自然風利用」も取り入れられます**。WB工法は家に空気を入れて排出するまでを自然に行えるシステムです。事例の家のように**コの字形にすることで日差しと風の両方を取り込め、快適な空間を生み出すことができる**のです。家の内外で豊かさを追求することで、初期費用の回収率がぐんと高まります。

敷地条件で課題があったとしても、構造と設計次第で課題をクリアし、新たなメリットをもたらせることを覚えておきましょう。

▽第二のリビングになるウッドデッキ
抜けのある空間は室内にいても広い感覚をもたらす

吹き抜けによる空間の演出については説明しましたが、屋外の眺望も同様の効果があります。事例の家では、**3方向からウッドデッキに出入りできるようにしたことで、窓を通じての広さの演出ができています**。夏の暑い時期に直射日光が入ってくる心配がないため、大きな窓を設置できるのも利点でしょう。もし、南側が開けた敷地であれば、ひさしを大きくしたり、シェードを設置したりすることが必要です。軒下にウッドデッキを設ける方法もあります。これは冬場の日射量との兼ね合いもあります。

窓について補足しますと、**小窓は断熱性を損なわずに光と風を取り込むのに適しています**。その際にすべり出し窓（横方向を回転軸にして、室内外へすべり出しながら開く）がおすすめです。室内に雨が吹き込むのを防止できるからです。また、小窓で生まれるちょっとした抜けも大きな空間演出になります。

事例の家は中庭をウッドデッキにしました。中庭でなくてもウッドデッキは有効なスペースです。第二のリビングともいえます。気をつけたいのが、耐久性です。

天然素材は風情がありますが、風雨が直接当たると劣化します。そこで、ウッドデッキには樹脂製の建材がおすすめです。天然素材の風合いを持ちながら耐久性に優れています。また、ウッドデッキに直射日光が当たる場合、夏場は活用しにくいですね。ひさしを大きくしたり、シェードを設置したりし、年中活用できる環境にしてこそ、その空間がいかされるものです。そういった意味でも計画段階で日照シミュレーションを活用しておくべきですね。

敷地条件から庭をあきらめようとするのは早計です。**2階のバルコニーを庭として活用する**こともできれば、事例の家のように**コの字形にして中庭を設置する方法**もあります。室内からの眺望は生活のしやすさに大きく関係してきます。

ウッドデッキの建材の注意点

天然木

スギやヒノキ、マツなど軽い素材の木材は耐久性に劣る。アイアンウッドと呼ばれる木材は比重があり耐久性に優れている。アイアンウッドであれば設置時は塗装せず、ある程度期間が経ってから塗装するという考え方もある。

人工木

木材に比べて耐久性に優れており、色褪《いろあ》せもしにくい。直射日光が当たると温度上昇しやすいので、ひさしを大きくするなど、日射遮断の対策が求められる。

住んでよかったオーナーの声

｜ SN様 ｜ 全室から庭が見える家(90頁) ｜

家を建てようとしたきっかけは?

A 住んでいた家が雨漏りし、カビっぽさもあり住める状態ではありませんでした。更地にしてほかの住まいを探すか、建て直すかの二択で、新築を選びました。

家づくりで優先したことは?

A 長期的に安心して住める家です。ランニングコストがかからず、健康的に暮らせることを一番に求めました。

住宅会社からの提案でよかったことは?

A 温度変化のストレスがないことに感激しました。WB工法のすばらしさは知っていましたけれど、期待以上の心地よさでした。においもまったくありませんから。

住んでみて「よかった」と感じることは?

A 家にいる時間が増えました。居心地がいいと「片づけたい」という気持ちに自然になれるんですね。健康関係の仕事をしているので、家の空気を事例にすることもできています。セントラル浄水器を設置し、電磁波対策もしているので、安心して暮らせます。

家族はどう感じている?

A 建物の構造デザインを気に入ってくれていて、特に中庭があってよかったといっています。家の中央にあるのでアクセスしやすく、外と中のつながりを感じられます。来客からは木の温もりもほめてもらっています。

「こうしておけばよかった」という点は?

A 無垢材にこだわりましたが、脱衣室の床は別の素材がよかったなと思います。どうしても水回りは汚れやすいので。

人生において「家」とは?

A 安らげる場所ですね。毎日快適に暮らせることはもちろん、将来への不安がないのも大きいです。

Part3

居心地がよくてよかった

A Nice House to Live In

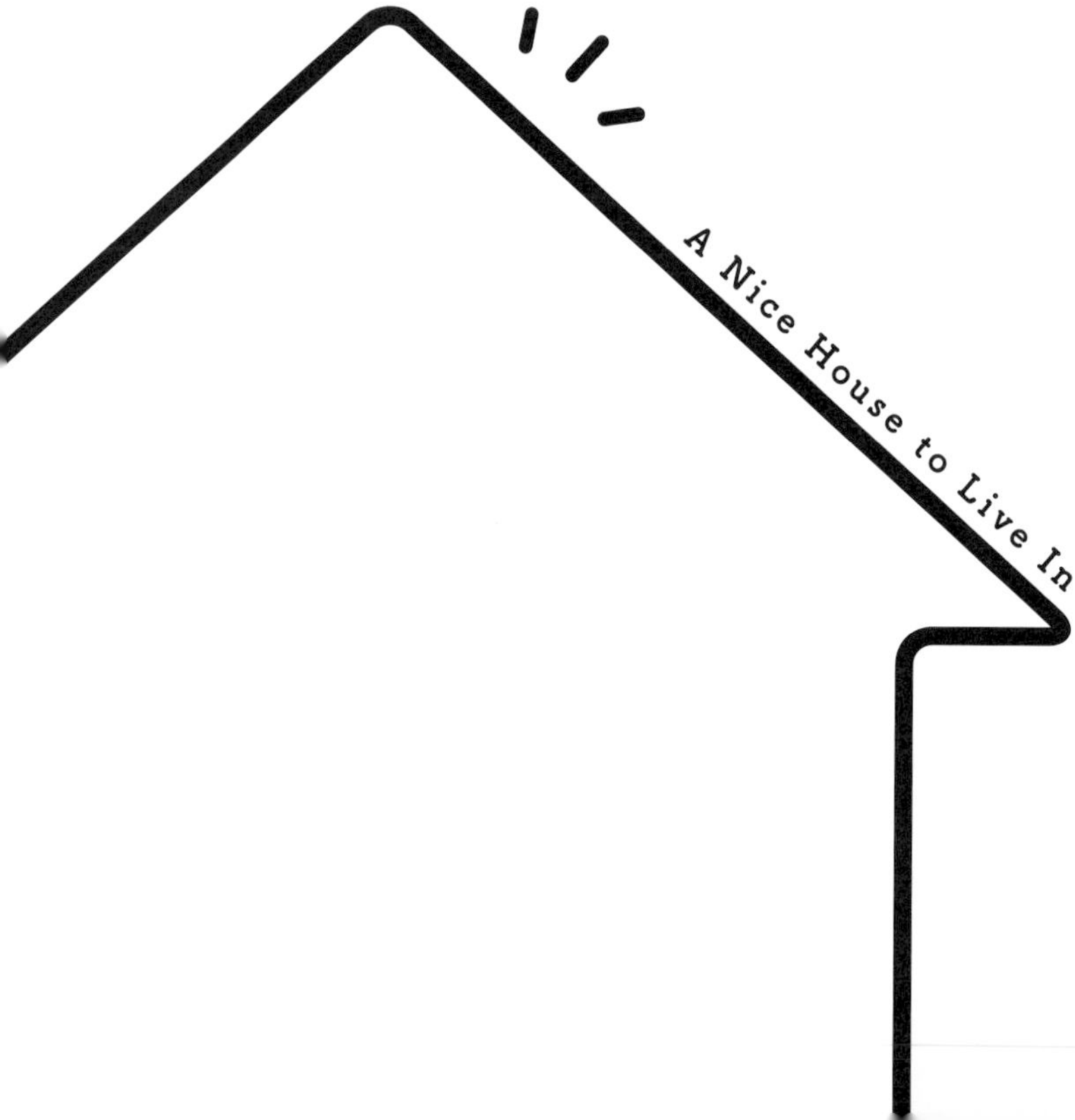

case 08

目的優先でライフプランから逆算

家族がずっと遊べる家

“家づくりは人生づくり”というキャッチコピーは、
たんに家の中でどのように過ごすかというものだけではない。
家族が外でどのような生活をして帰宅するか、
これをできるだけ先の状況まで考えて見えてくるのが、
家づくりのポイントだ。

▽外構を考えた家屋の形状と間取り 独立、半独立のスペースで将来の生活に合わせる

生活のしやすさは、家の中だけを考えれば実現できるものではありません。例えば、ガレージも生活のしやすさに直結するものです。よくある後悔が、車を停めにくいというガレージ。毎日車を使用する人にとっては、都度ストレスに感じてしまうわけです。土地選びの際、どこにガレージを設置するかも考えることが大切です。その際、ガレージから家への動線も一緒に考えるべきですね。

また、**外構は暮らしに豊かさをもたらす**大きな要素です。**植栽は外観のデザイン性を高めるだけでなく、家の中からの景観を高めるという魅力もあります**。庭での過ごし方も大切です。例えば子どもが庭で遊ぶ場合、家の中からその様子が見えると安心ですよね。すると、庭の位置と家の形状や間取りも決まってきます。さらには窓の位置や大きさも関係してくるのです。ただ、必ずしも敷地に余裕があるわけではありませんよね。ガレージや外構を充実させ、さらに利便性を求める際、家の構造と間取りをていねいに設計する必要があります。

家族がずっと遊べる家

完成 2019年1月　建物面積 181.34㎡（54.85坪）
分類 注文住宅　オーナー AD様（夫婦、子ども3人）

1階

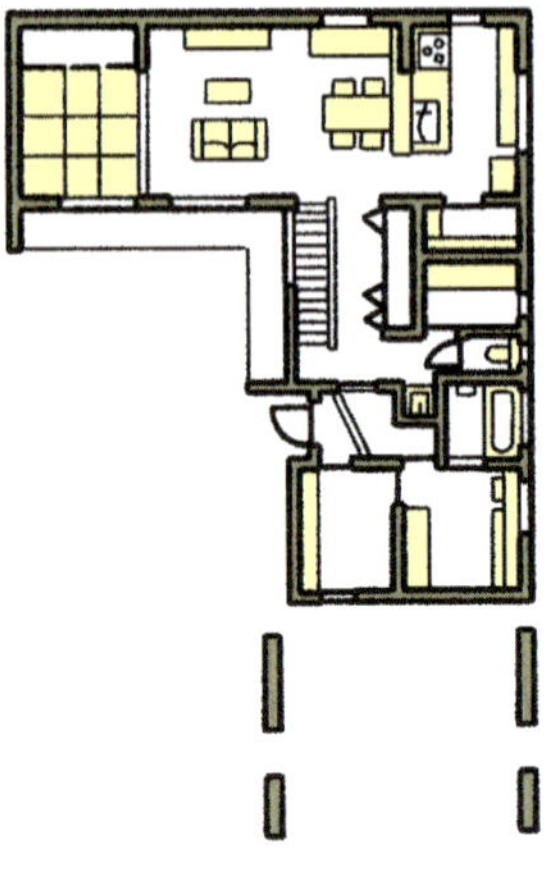

2階

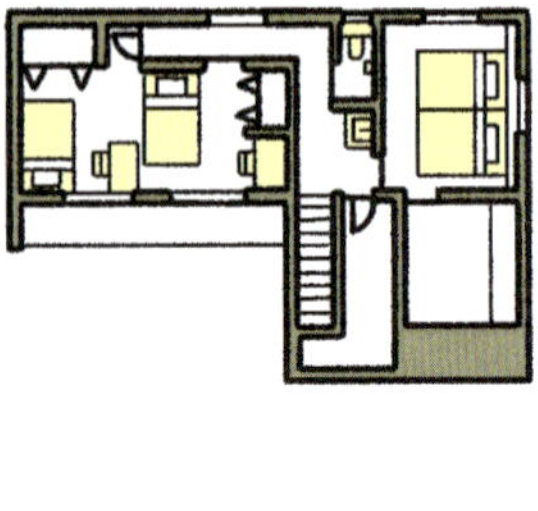

▽目的に優先順位をつけて土地探し 後づけできること、できないことを明確にする

ご主人の趣味であるバスケットボールができる土地を探していたのが、事例の家です。コートでもあり、子どもが遊ぶ庭の機能も果たしています。**庭は1階のリビングと2階の子ども部屋から見え、ご主人がバスケットボールをしていると、自然に子どもも外に出てくる**そうです。ここで汗をかいて玄関に入ると、右側がシューズクローク兼物置で、そこからお風呂にも行けます。シューズクロークは駐車場ともつながっています。屋根は駐車場まで続いており、そこには太陽光発電を設置。将来、電気自動車を使用することを想定し、充電設備もつけています。**庭と駐車場の兼ね合いで、家はL字形**にしています。庭に面したリビングや子ども部屋の窓は大きくし、日差しを確保。それ以外の側面は光を取り入れるだけの窓の大きさと数にしています。

リビングの先にある部屋は扉を開ければ一体化し、閉じれば独立した空間に。2階の子ども部屋も入り口を2か所設けており、将来、区切って2人の子ども部屋にする予定とのことです。

CLOSE-UP!

バスケットコートを中心にした家の構造

玄関とガレージの両方から行き来できるシューズクローク。お風呂場にもつながっているので、スポーツや遊びで汗と汚れのついた子どもも体を洗ってからリビングに移動できる。

CLOSE-UP!

帰宅から家に上がるまでの動線づくり

夢を実現するのが家づくりで最も大切なところ。バスケットコートがその1つ。ここでプール遊びをすることもあるそう。四角形の家では確保できないスペースを、L字形にすることで実現できた。

CLOSE-UP!

家族それぞれの生活場所の確保

玄関からすぐ近くに設置した完全個室のワーキングスペースは、家族との生活を切り離せる。2階の子ども部屋は間切りすることを想定。キッチンは人の移動がしやすい広さと収納スペースを確保している。

CLOSE-UP!

光あふれる窓の大きさと数、位置

1階、2階とも南側のみ大きな窓を設置。それ以外の側面は必要最低限の数と大きさの窓に。書斎やキッチンは光のみを取り入れている。窓の設計が外観デザインにもなっている。

▽土地は家の構想とセットにして選ぶ　目的の優先順位をつけておくことがポイント

家づくりの際にマネープランはとても重要です。初期費用だけでなく、メンテナンスなどのランニングコスト、さらには光熱費のことまで設計する必要があります。高性能住宅であれば健全なマネープランを立てられることはすでに説明しましたが、ライフプランがなければ本末転倒という事態に陥ってしまうこともあります。**ライフプランは家族の暮らし方です。これは土地選びから関係しています**。

土地選びは、ライフプランを立てる→どんな家にしたいかを考える→マネープランを立てるというところまでできた段階から始まります。土地の決定が先になると、すべてがそれに合わせたものになってしまいかねません。

土地のスペシャリストは不動産会社です。その際に**住宅会社の担当者と一緒に土地を見るようにしてください**。駐車場や外構の希望と、間取りの希望を合致させるには住宅の知識がなければならないからです。現地を一緒に訪れ、**ライフプランと想定する家の目的を土地の条件に照らし合わせていく**のです。ここに駐車場を設置して、ここが玄関でリビングは南側にしてなど、目視での設計図を引きながら目的を果たせるかを判断していきます。

現地を訪れるメリットはほかにもあります。周辺の環境を確認できることです。開けた土地なのか、住宅が密集しているか、**周辺環境によって設計は大きく変わってくる**ものです。日当たりの確認も大切ですね。このように土地選びにはさまざまな要素が関係しています。その際、大切なのは優先する目的を明確にしておくこと。これはほかの要素を妥協するという意味ではありません。優先する目的が定まっていれば、それを基準にマネープラン、性能、設備、利便性などの対策を練られるからです。

土地選びのポイント

①ライフプラン、マネープランを作成しておく。

②家づくりの目的に優先順位をつけておく。

③不動産会社と住宅会社の担当者と一緒に見学する。

④土地の条件に合わせてライフプランとマネープランを見直すか検討する。

⑤現地を直接訪れ、周辺の環境も確認する。

補足：『住まい大全 ずっと快適な家の選び方、つくり方、暮らし方』（平松明展著、KADOKAWA）で詳しく解説しています。

▽外での暮らし方、室内からの眺望
住まいの居心地は外構の充実も関係する

住宅の根本は、設計力です。例えば窓の設置だけでも住宅性能、ランニングコスト、光熱費、暮らしやすさが大きく変わります。設計に不備があると、建てた直後はよくても時間経過とともに家の価値はどんどん下がっていきます。繰り返しお伝えしますが、**家の側面によっては窓が不要です。特に西側と北側は日射の恩恵を受けにくいので、光を取り込めるだけの大きさや数で十分**で、断熱性を確保できます。

もちろんこれらは高い通気性があることが条件です。窓の開閉による換気を必要としない構造があってこその考え方ですから。事例の家は**L字形の構造で、南側に直角に大きな窓を設置しています。室内から景観を楽しめ、光を取り込め、明るく快適な室温を実現**しています。天然《てんねん》無《む》垢《く》材《ざい》の床に寝転んで過ごすこともあるそうです。

バスケットコートの設置には費用がかかっています。高いフェンスの設置も追加費用がかかります。ただ、このフェンスは防犯設備にもなっていますよね。コートは子どもの遊び場、バーベキューなど庭としての機能も兼ね備えています。

私は家の窓を額縁にたとえることがあります。事例の家では額縁の中に家族が楽しむ光景が映し出されます。庭の演出で一般的なのが植栽ですよね。建物が密集した土地であれば、植栽により景観をつくることができます。外からは家の目隠しとなり、プライバシーを確保できます。なお、**塀や植栽で外から完全に家が見えなくなるのは防犯上、適していません**。こうした観点からも外構の専門業者の知識を借りると、より充実した外構になるでしょう。植栽の種類、配置、さらにはライトアップといったデザインも洗練させることができます。逆に、設置することでデメリットが生じるものもあるので、注意しましょう。

検討するべき外構設備

外構設備	検討理由
タイルパネル	生活にフィットしなくなる可能性がある。
駐車場のアスファルト	対策していないと、熱を吸収し、その状態を長期間維持してしまう。
過剰な植栽	維持管理の費用と手間がかかり、虫の発生にもつながる。
タイル門柱	メンテナンスや耐久性向上の対策をしていないと、くずれてしまう可能性がある。
防犯灯	電気代が無駄になる。センサーライトのほうが適応性が高い。
レンガのアプローチ	滑りやすい、汚れやすい。メンテナンス・修繕費が発生する。
木製フェンス 天然木のウッドデッキ	色《いろ》褪《あ》せや劣化があり、メンテナンス、修繕費が発生する。
擬石《ぎせき》(人工の石)	劣化して見た目が低下する。

case 09

家具と調和した内装デザイン

木の温《ぬく》もりに包まれた家

家づくりで気にかけたいところは山のようにある。
性能と利便性にデザインも融合させると、
シンプルながらも洗練された空間に。
そのデザインは居心地のよさを高め、
暮らしの質までも変えてくれる。

▽性能と利便性を確保したうえで マネープランと目的を照らし合わせる

ゆとりある生活には、やはり資産形成も関わってきます。住宅ローンの返済が重荷になっては、家の本来の価値を見失ってしまいます。そういった意味で初期費用はとても重要ですが、先述のとおり、長期的に考えると性能や利便性を高めるものにはある程度の費用が必要です。そのうえでプラスαをどう考えるかだと思います。

例えば外装や内装のデザインへのこだわりを反映したい場合、建材の価格が関係してきます。**外壁の建材が低価だったとしても、メンテナンスや修繕費がかかることが想定されるものなら、多少高くなっても品質のよいものを選ぶ**でしょう。ただ、決して安価ではなく、またランニングコストを要するものでもその建材を選ぶ人もいます。それはデザイン性の優先順位が高いから。事例の家は、塗り壁で家全体が一体感のあるデザインになっています。

内装においても同様で、**どこにこだわり、どこに費用をかけるかは、住む人の居心地をよくするために必要なこと**です。

木の温もりに包まれた家

完成 2019年11月　建物面積 194.05㎡(58.69坪)
分類 注文住宅　オーナー AT様(夫婦、子ども1人)

1階

2階

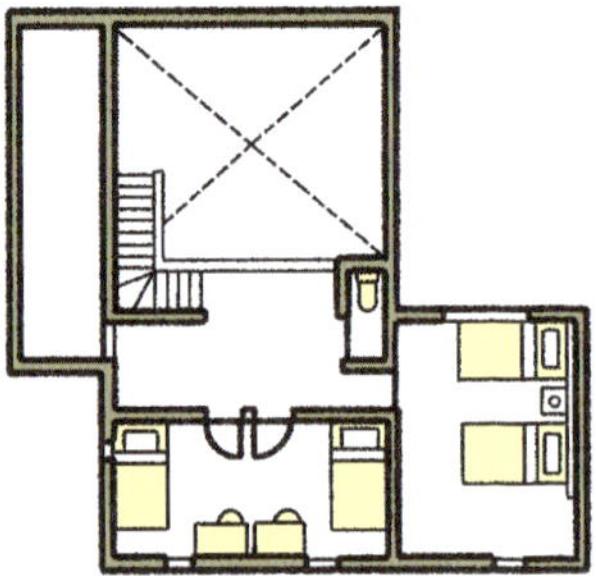

▽計算された空間の設計
シンプルだからこそアクセントをつくれる

玄関側から見ると真四角のシンプルな建物に思えますが、実はコの字形の建物で、平面と立体で空間を巧みにプロデュースしています。**コの字のくぼみ部分はウッドデッキで、仕事部屋、ダイニングキッチン、リビングのそれぞれからアクセスでき、大きな窓から眺望を楽しめます**。キッチンとダイニングを一体化し、リビングを大きな空間に。その部分は吹き抜けになっており、より開放的な空間が演出されています。この吹き抜けは屋根の傾斜でできるスペースを利用しています。回遊性のある間取りで、どの空間にも無駄がありません。

吹き抜けのため柱や梁《はり》がアクセントになっています。窓外だけでなく、天井を眺めるのも魅力的です。ほかにも造作家具や収納棚など随所に木材を取り入れており、各所の個性を持ちながらも統一感があります。床のパイン材は見た目だけでなく、触り心地のよさも魅力。こだわりがスマートに演出された空間は、長年経っても飽きないものです。

CLOSE-UP!

一続きのLDKも各所の個性が生きる

リビングは吹き抜けになっており、コの字形を利用した間取りということもあって切り取られた空間に。内壁や天井をシンプルな白に統一しているので、部分的な建材が映える。

CLOSE-UP!

木材ベースでまとめたダイニングキッチン

キッチンカウンターは木材のように見えるが、防水性のあるシートを使ったもの。内装の色数を限定しているので落ち着きのあるデザイン空間になっている。

CLOSE-UP!

水回りや洗濯スペースにも木の温もり

収納棚などを造作家具にすることで、木をベースにしたデザインでまとまっている。洗濯→干す→取り込む→アイロンまでの動線も1つのデザイン。ファミリークローゼットは超ワイド。

CLOSE-UP!

天然無垢材の触り心地が随所に

どの部屋も素足で過ごしたくなるような床。天然無垢材は見た目だけでなく、触り心地でも癒《い》やしをもたらす。後づけできないリラックス空間になっている。

▽設計の段階から空間プロデュース
生活空間と収納量を確保しながらデザイン

設計の出発点は、住む人の暮らし方のイメージや希望にあります。事例の家では、**日々の管理を要する庭の代わりに中庭（ウッドデッキ）にしたいというオーナーの要望からコの字形の構造になり、そこから派生して間取りが決まっていきました**。奥様は家事動線の希望があり、一連の流れで洗濯から収納ができる空間にするため、超ワイドなファミリークローゼットを設置。こうして生活空間と収納スペースが合理的になる間取りができたことで、ほかの要素に対してもこだわりを追求できることになりました。

本書の事例でも吹き抜けを設けた家がたくさんあります。屋根の傾斜の部分は、2階でも屋根が低くなってしまうため、床のない空間として合理的な活用を目的としたものです。**吹き抜けがあれば立体的な空間が生まれます。1階と2階との空間がつながり、空気の移動も生まれます**。さらに柱や梁が露出するため、内装デザインの一要素となります。この開放的な空間をより魅力的にするために、床、内壁、天井、さらには家具や照明などのインテリアを追求していくという考え方が生まれ、結果、居心地のよい空間ができあがるのです。ちなみに事例の家は、屋根の傾斜で最も高さが低くなった部分を屋根裏収納にしています。その下（1階）が超ワイドなファミリークローゼットになっており、あらゆる空間を有効活用できています。

上写真の3つの小窓があるところが吹き抜け部分。吹き抜けは1階から見上げたときの開放感だけでなく、2階から見下ろしたときの景観も魅力的。柱や梁がデザインになっている。

▽天然木材がもたらす癒やしの効果

適材適所の考え方で費用対効果のよいデザインに

樹種によって耐久性や重量、さらに表面の温度が違います。例えば表面温度が高いものは、触り心地を要する床材などに使用。かたい木は柱や、傷がつきやすい床材などに使用というように適材適所があります。また、天然木は色味がまったく同じではないため、例えば床に敷く場合は、グラデーションになるように板の順を考えて施行します。

ただ、専門知識がない人が、樹種による特性から建材を選ぶのは難しいですよね。ここで覚えておいてほしいのが、**木材といっても本物と偽物がある**ということです。**本物はすべてが木**です。偽物は表面は木ですが、層になっており下層は合板になります。耐久性に大きな違いがあるので注意してください。

本物の木は高価です。初期費用はぐっと高まります。でも木材を使いたいという思いをあきらめることもないと思います。住宅会社によっては価格が比較的低くても木の魅力を損なわない建材を提案してくれます。例えば同じ樹種でもまっすぐの木材と少し曲がった木材では価格が変わります。後者の場合、施工が難しくなりますが、高い技術力のある大工が手がけると話は別です。

補足になりますが、本物の木の魅力を出すには、大工の技術を要します。ひと手間ふた手間かけ、理にかなった使い方をし、技術力をいかしてつくられたものは、当然ながら仕上がりがとても美しくなります。

デザインを優先して建材にこだわりたい場合、マネープランとの兼ね合いはもちろんですが、本物の木を選んで、その魅力がずっと先まで継続されるようにしましょう。**木の経年変化の魅力は、本物だからこそ得られます**。なお、事例のオーナーは建築関係の方とのお仕事をされていますが、建築技術については専門ではないため、信頼できる住宅会社を選んだとおっしゃっています。

木の魅力を存分に感じられる家は、理想の暮らしを叶《かな》えてくれると思いませんか。

建材の平松建築標準仕様

屋根	ガルバリウム鋼板の立平ロック
外壁	・金属サイディング ・メンテナンスで手のとどく範囲なら木製板 ・焼き杉（三角焼き） ※バーナー焼きは劣化が早いので禁止
床材	無垢の床材（無塗装or自然塗料）
内壁	コットンクロス、または透湿性のある塗料

case 10

暮らしの安全と安心の防犯対策

ずっと家族を守れる家

耐震性や耐久性などは災害対策になる性能。
その一方で防犯についても同じように
考えていかなければならない。
「建ててよかった」という思いを持続させるためにも
防犯対策を推し進めよう。

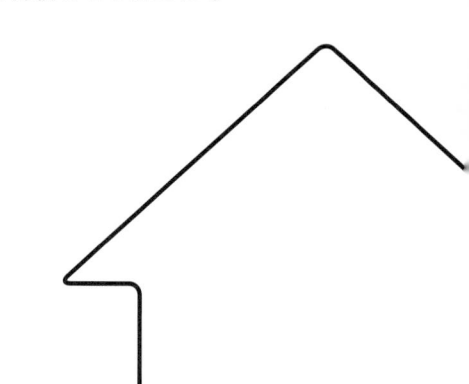

▽家の価値は家族の目的を果たすもの 居心地のよさを持続させるための対策

予期せぬ災害に備えて性能を高くした場合、仮に災害がなくてもその性能による恩恵を受けています。それは〝安心して暮らせる〟こと。**家づくりは建物を手に入れるだけでなく、その家で暮らす家族の目的を果たすもの**だと思います。安全、安心、健康、快適、利便性、資産価値など目的の要素はさまざま。こうした目的を果たせることを前提にしたうえで、オリジナリティが生まれてくるものです。

外観や内観のデザインにこだわりを持つ際も、構造や性能、設備というものをセットにして考えていきます。例えば**窓の種類1つをとっても、機能性や利便性、デザイン性にプラスして防犯性の高いものかが重要なポイント**になります。窓の数が少ないほうが断熱性を高められますが、これは防犯性を高めることにもつながります。

多くの人にとって建てた家は、ずっと暮らしていく家。自分好みの構造やデザインにすることを望みながらも、家族を守ることが求められます。それこそが、居心地のよさが長持ちする住宅といえるでしょう。

ずっと家族を守れる家

完成 2020年1月　建物面積 129.14㎡(39.06坪)

分類 注文住宅　オーナー IG様(夫婦、子ども1人)

1階

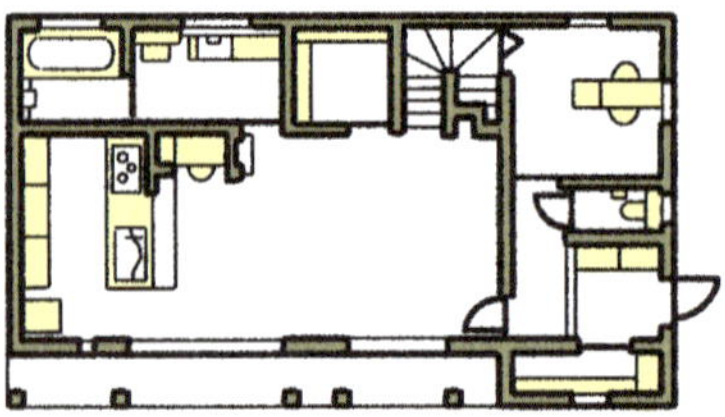

2階

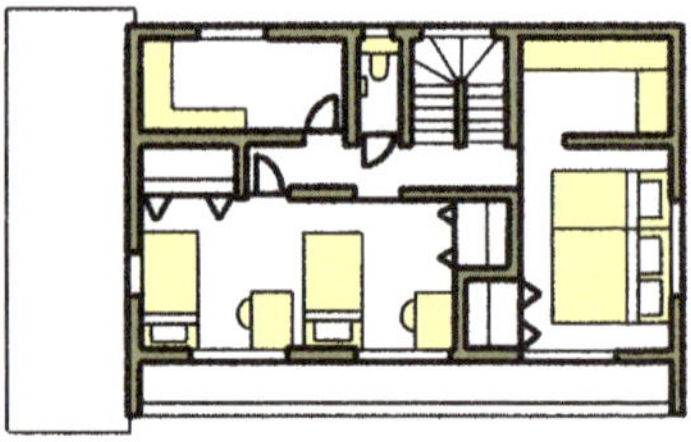

▽機能性と利便性に遊び心（＝デザイン）をプラス 長持ちする家だからこそ、居心地のよさを追求

青いガルバリウム鋼板に、自然塗料で白くした柱がアクセントの外観。雨樋《あまどい》も白色にするなど、徹底してカラーの統一感を出しています。室内も同様で、青と白に木材の茶色の3色でコーディネート。**色だけでも家全体がまとめられており、飽きのこないデザイン**になっています。

このカラーコーディネートからもわかるように、事例の家のオーナーは長く住み続けられる家にすることが一番の目的でした。性能を高くすることに加え、回遊性のある間取り、天然《てんねん》無垢材《むくざい》による癒《い》やしなど、利便性と居心地のよさの両面を追求。実際に床に寝転がって過ごす時間に豊かさを感じているそうです。

また、防犯性も追求しています。**防犯性の高い窓を設置し、南側の大窓以外は、窓数を限定し、採光を得るだけの大きさの窓に**しています。また、フェンスはプライベートの目隠しと防犯性を兼ねています。外壁と同じように縦貼りにし、ここでもデザイン面に配慮しています。

CLOSE-UP!

青色ベースに白色がアクセントになった外観

耐久性に優れたガルバリウム鋼板はカラーバリエーションも豊富。塗装と違って色褪《あ》せや劣化の心配がない。柱に使用した自然塗料も浸透性が高いため、劣化しにくい。

CLOSE-UP!

設備や家具も色を限定して統一感を出す

キッチンキャビネットやリビングのソファ、仕事部屋の椅子などを青色にし、外観とテイストを合わせている。白壁、木材の茶色との3色でまとめ、落ち着きのある空間になっている。

CLOSE-UP!

色の統一感が空間的なゆとりをもたらす

色数が多いとごちゃついた印象になる。逆に色数を限定するとまとまりが生まれ、すっきりした空間になる。洗面所のタオルを青色にするなど、アクセント効果を随所に取り入れている。

CLOSE-UP!

外構のフェンスでプライベートと区分け

玄関が仕事部屋に直結しており、お客さんを通すこともあることから、外構にフェンスを設置。プライベートを守り、通りから見た外観デザインの保護効果にもなっている。

▽工夫次第で、初期費用を上乗せせずに防犯設備を充実させられる

性能、利便性に優れて居心地よい空間だったとしても、防犯性が低いと安心して暮らせませんよね。性能と利便性にデザインを兼ね合わせることができるように、防犯においても初期費用に大きな上乗せをせずに設備を充実させられる方法があります。

防犯において最初に手を打ちたいのが、侵入を防ぐこと。例えば**人感センサーの照明をつけるだけでも抑止力になる**といわれています。人感センサーは普段の暮らしにも便利なものですよね。同様に**庭や玄関のアプローチに砂利を敷いておくのも有効**です。歩くときに音がすることで防犯になります。コンクリートを敷く費用が砂利の費用に替わるだけです。なお、防犯カメラつきのインターホンは主流の設備です。また、カメラの画像をクラウドを通じて携帯電話と連動させることができます。

外構の高すぎる塀は、防犯の観点からは危険です。入りにくい反面、入ってしまえば外から見えなくなってしまうからです。プライバシーを確保しすぎると、防犯性が低下するという、相反する側面があるのです。

窓は極力数を減らすことが望ましいです。採光を取り入れる場合は小窓にすれば、侵入はしづらくなるでしょう。**大きい窓の場合は防犯ガラスにしてください。**初期費用は少し高くなりますが、安心感に代えることはできません。より強靭《きょうじん》な対策をするには、**面格子やシャッター、振動監視センサーや補助錠などを設置する方法があります。**マネープランと照らし合わせて検討してください。なお、これらは後づけも可能です。窓の数を減らすことで初期費用を削減できます。その分を防犯設備に充てると有意義だと思います。

事例の家は、オーナーの防犯意識が高く、さまざまな対策をしています。家族みんなが安心できる居心地を優先したのです。**「住んでよかった」と常時感じられるには〝安心〟がポイント**になると思います。

施錠の利便性を高めるIoT化

IoTは「Internet of Things」の略で、家電などをインターネットを介して操作できるシステム。鍵《かぎ》をIoT化する機能もあり、携帯電話を使って遠隔操作で鍵の開け閉めができるほか、防犯カメラと連動させることも可能。ピッキングによって侵入されることもない。「スマートロック」とも呼ぶ。利便性と防犯性を兼ね備えたシステムである。

▽メンテナンス・修繕費を削減することで高品質の建材を選び、デザインを追求できる

高性能住宅は長持ちします。ただ、耐久性に懸念がある建材を使用すると、メンテナンスや修繕をしながら長持ちさせることになります。初期費用を抑えられたとしても結果としてメンテナンスコストがかさみ、資産形成がくずれてしまうわけです。先述のとおり、**外壁や内壁、床や天井などは、耐久性の高い建材にし、なおかつデザイン的にも優れているもので居心地のよい空間にすることが有意義な選択**となります。

とはいえ家を建て直すという選択は現実的ではありませんね。もし修繕をする場合、そこからの耐久性を求めるという考え方もあると思います。例えば、外壁の耐久性を高めるには、ひさしを大きくして風雨を当たりにくくすることができます。外壁を取り替える場合は、金属系サイディングやガルバリウム鋼板に変更するほうがよいでしょう。

また、**建材だけでなく設備についても性能、利便性、デザインを兼ね備えたものを選びましょう**。例えば、キッチンキャビネットの場合、最も低価格なのが木製キャビ

ネットです。内装との調和を考えて木製を好む人もいますが、耐水性に劣ります。事例の家のキャビネットは木製に見えますが、ステンレス製です。また表側に青色のアクセントクロスを施し、デザインの調和をはかっています。ほかにも部屋によって内壁のクロスを部分的に変えており、遊び心をうまく取り入れています。ちなみにキッチンの床も木製に見えますが、こちらはフロアタイルです。耐久性の高い設備でデザインも兼ね備えた見本といえるでしょう。

アクセントクロスとは?

内壁には通気性の高いコットンクロス(壁紙)が適しているが、キッチンやトイレなど水回りには、耐水性の高いアクセントクロスを使うことがある。見本を確認することはもちろん、照明が当たったときの雰囲気も確認しておきたい。

住宅会社へ、構造や間取りのヒアリングの際と同じように、設備についても相談をしてください。住宅会社は提携している専門業者があり、要望に合ったものを提案してくれます。

家づくりは構造や性能、デザイン、費用面だけでなく、設備も含めてトータルで考えましょう。やはり、初期の段階での具体的なライフプランが肝心ですね。

case 11

1部屋で2役空間の有効活用

ガレージが中心の家

生活に必要な空間をすべて設けようとすると、
広さが必要になり家は大きくなるばかり。
限られた空間で目的を断念するのではなく、
使い方を工夫すれば、目的は果たされる。
設計はライフプランで決まる。

▽必要なところは広く、共有できる目的は1つに 空間にメリハリをつけた、将来型の設計

総床面積と必要な部屋数だけで考えると、どの部屋も中途半端になってしまうケースがあります。場合によっては活用されない部屋やスペースが生じることも。無駄なスペースがある一方で、目的の場所が窮屈になってしまうのは残念なことですね。**スペースを有効活用するには、まず目的に優先順位をつけることです。絶対に譲れない目的を中心に考え、残されたスペースの使い方を工夫していく考え方**です。ここで「スペースがないからこれは断念しよう」というわけではありません。

例えば、ワーキングスペースの考え方です。独立しなくてもよい場合は、リビングの一角に書斎を設けたり、デッドスペースを活用したり、さまざまな手段を考えられます。また、空間は平面だけではありません。立体的に空間を捉えると、仮に床面積が小さくても広く感じさせることができます。建てたあとに空間を広げるということは難しいので、**何年後かに必要となりそうなスペースを広くとっておくなど、将来を想定した設計が重要**になります。

ガレージが中心の家

完成 2021年9月　建物面積 188.73㎡（57.08坪）
分類 注文住宅　オーナー IT様（夫婦、子ども2人）

1階

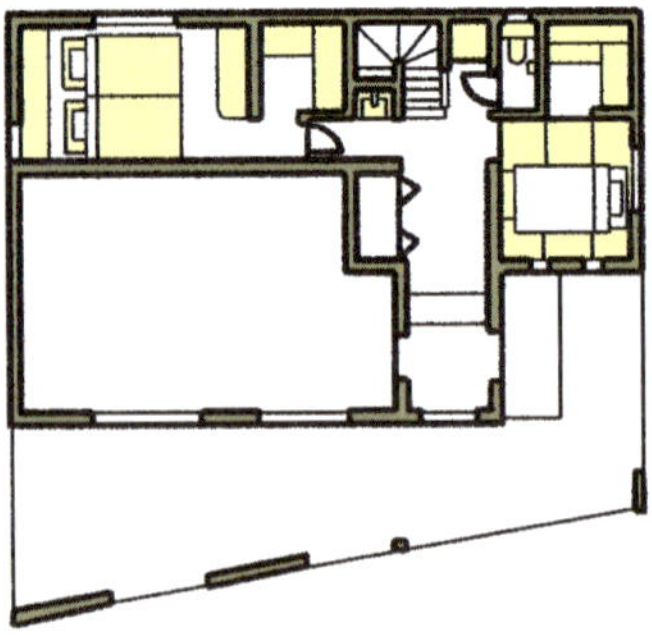

2階

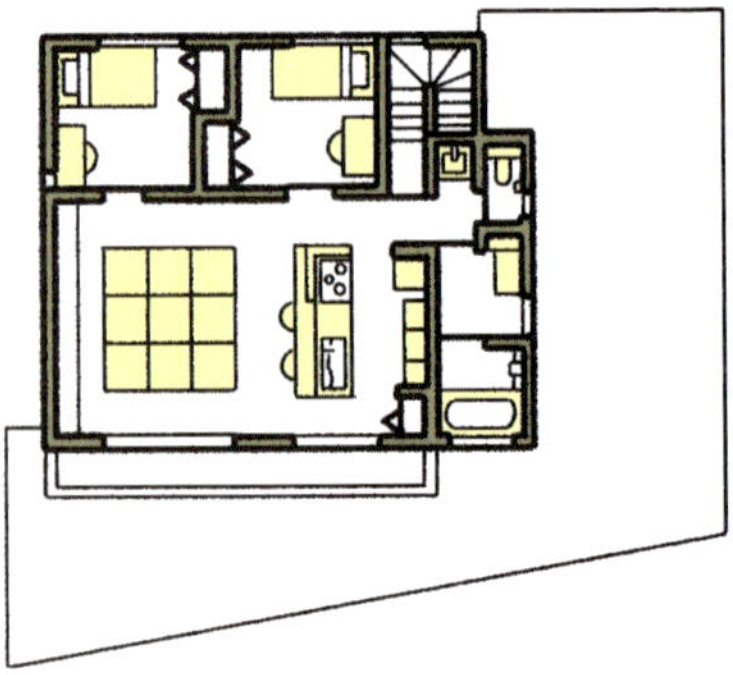

▽生活も仕事も趣味も軒下におさめる 二世帯での暮らしやすさを考え、スペースの無駄を排除

1階に駐車スペースを組み入れた家はよくありますが、事例の家はさらに大きなガレージも設けています。シャッターが2つあり、駐車スペースとガレージがつながった設計で、これは大工であるオーナーの仕事スペースと、バイクやアウトドアといった趣味を楽しむスペースを共有したもの。残ったスペースは同居するお母様の居住空間です。1・8mという広い廊下は、歩きやすさを優先し、将来手すりをつけることも想定しています。

限られた生活スペースは工夫だらけです。例えば、**4帖《じょう》の設計だったウォークインクローゼットを2帖に狭め、1帖をトイレ、もう1帖を仏壇の置き場という具合に目的がパズルのように組み合わさるように**。2階のトイレの面積を小さくし、脱衣所に棚を設置するスペースも生み出しています。また、**ハイタイプの扉は、視覚効果で開放的な空間に**。スライド式なので開閉時の圧迫もありません。ほかにも寝室にワーキングスペースを設けるなど、まさに無駄のない間取りといえるでしょう。

CLOSE-UP!

面積と夢を広げた駐車場とガレージ

2台を駐車できるスペースで、将来を見据えて電気自動車の充電コンセントも設置。シャッターを開けると大ガレージで、作業と収納スペースを確保。ガレージから室内に入れるようになっている。

CLOSE-UP!

使い勝手を考えた動線の広さ

玄関からの廊下は1.8m幅。将来手すりをつけることも想定。キッチンは両サイドから入れるようにし、アイランドキッチン風にしている。各所、造作家具で収納も確保している。

CLOSE-UP!

2つの目的を叶える空間づくり

リビングは床板と畳で和洋が融合した空間。畳にちゃぶ台を置き、ダイニングとしての役割にも。キッチンカウンターはワーキングスペースにもなる。寝室は壁面にデスクと棚を設置し、ワーキングスペースも兼用。

CLOSE-UP!

広さを演出する扉や壁収納

室内の扉をハイタイプのものにすることで空間が広く感じられる。スライド式の扉にすることで開閉時の圧がない。壁面には造作家具を随所に設置し、立体的にスペースを有効活用している。

▽間取りはシミュレーションで念入りに ヒアリング、プラン提案、修正を繰り返す

多くの人にとって家づくりははじめての体験。設計図を見て、それが自分に合っているかどうかを判断するのは難しいでしょう。実際に何百軒も家づくりした私たちでも、あとから違ったアイデアが出てくることもしばしばです。常にバージョンやグレードアップをはかっているわけです。事例の家は、オーナーが大工さんなので多数の事例を知っており、また長期的に設計を練り直してきたものです。よって理想どおりの家が完成しました。では、一般の人が同じような家づくりができないかというとそうではありません。建設的な進め方をしていくことで、理想の家になります。その過程で理想よりよくなる点も多々あります。

家づくりの過程は、ライフプラン作成から始まります。ここで住宅会社と念入りに話し合いをしてください。その後、資金計画と照らし合わせて土地が決まり、今度は建物の話し合いを行います。その内容に基づいて設計図が引かれるわけですが、ここで間取りのシミュレーションがあれば、実際の生活をイメージできるでしょう。日照

シミュレーションについては説明しましたが、**間取りにおいてもCADシステムなどで画像や映像によって確認することが可能**です。ここで**重要なのが、疑問が生じたらなんでも質問すること**。住宅会社にとってはその質問がヒントになり、新たな提案ができます。このやりとりを繰り返していくことで、理想にどんどん近づいていけるわけです。

また、設計の変更や修正によって資金計画も見直しが必要になります。仮に予定よりも費用が上回る場合、費用を抑えられる部分を探す作業も始まります。目的を断念しなくても実現できる手段はあります。当然のことながら、実績や選択肢が豊富な住宅会社のほうが、目的を果たしやすいでしょう。

家づくりの流れ（注文住宅）

1. 申し込み
2. 初回ヒアリング
3. 資金計画
4. 建物のヒアリング
5. 土地探し
6. 資金計画
7. プラン提案
8. ヒアリング
9. 再提案・詳細見積もり
10. 契約

ヒアリングでは生活のイメージを伝えることが有効。家族とどのように暮らしていくかで、間取りや設備も変わってくる。

▽最初に収納や家具まで設置するメリット
建材や意匠を含めた注文もできる

当然ですが、家の構造を変えることはかなり難しいことです。建て直したほうが費用面としてお得なことも少なくありません。事例の家では、大黒柱を標準の2倍近くの大きさ（標準10・5㎝に対して20㎝）の建材を使用しています。これは大工であるオーナーが家づくりのために以前から購入していたものでした。**注文住宅の場合、こうしたイレギュラーな要望に対しても柔軟に対応することができます。**ほかの事例でも古材や錆《さ》びた建材をあえて使いたいというものがありました。これらはあとから対応することのできない注文です。

収納家具においても同様のことがいえます。事例の家のように仏壇を置くことが決まっていれば、専用のスペースを設置することができ、無駄なスペースが生まれません。壁面収納においても構造上の条件、デザイン性という観点から最初に設置しておくと、最終的に費用も抑えられることになります。収納量が思った以上に多く、あとから収納家具をどんどん設置して、家のデザイン性が悪くなることも避けたいですよね。造作家具はこうした事態を避けるメリットもあります。また、建材を利用した意匠を盛り込むこともデザイン性を高める要素といえるでしょう。ただし、想定が不十分だと、無駄になることもあります。想定が困難な場合は後づけのプランも念頭におくとよいでしょう。

私たちプロでも「家づくりは難しい」と日々感じています。**家づくりで考えることは膨大なので、事例を１つでも多く見ておくことが役立ちます**。実際にモデルルームを訪れることが一番ですが、住宅会社によっては事例を映像化していることもあります。遠方にいながらルームツアーさながらに事例を見ることができ、そこで得たものをヒアリングでお話しすると、より詳細な設計につながるかと思います。家を完成させる前に、こだわりがいかされた設計図を求めるようにしてください。この本がその一助になるとうれしいです。

図面と実際の家とのギャップをなくすポイント

配置図、平面詳細図、立面図など紙ベースで完成した家を想像するのは困難。思ったより玄関やキッチンが狭かった、リビングは平米数を大きくしたのに狭く感じる、といったギャップが生まれるのは、よく聞く話である。その際、有効になるのがCADシステムでの確認。画像や映像で外観や内観を立体的に確認しながら図面を見ていくと、イメージどおりの家になりやすい。

住んでよかったオーナーの声

| IT様 | ガレージが中心の家（132頁） |

家を建てようとしたきっかけは?

A 住んでいた家が古くなり、環境面にストレスを感じていました。子どもに残せる家をつくりたいという気持ちも大きかったです。

家づくりで優先したことは?

A 楽しく生活できる家、具体的には間取りです。広いガレージを設置したのも、遊び心を大切にしたかったからです。ずっと遊べて飽きのこない家を求めました。

住宅会社からの提案でよかったことは?

A 年中、空気がきれいなところですね。太陽光発電を設置したこともあって、電気代がかなり下がりました。売電収入もあるので、電気代は発生していないようなものです。

住んでみて「よかった」と感じることは?

A 冬が暖かいこと。以前の家では暖房をつけていないと白い息が出ていましたが、今はまったく寒くありません。朝、布団から出るつらさがなくなりましたから。あとガレージは仕事場でもあるので、公私とも充実しています。

家族はどう感じている?

A においがないことに喜んでいます。あと2階に生活空間をまとめているので、楽に暮らせますね。家に遊びにきた友だちは、みんなガレージをあこがれの目で見てくれます。家族とも友人とも楽しめる空間になりました。

「こうしておけばよかった」という点は?

A まだ見つかっていません。この先も見つからないかも。外壁はシルバーのガルバリウム鋼板ですが、100年、なにもしなくてもいいんじゃないかと思っているくらい将来も安心です。

人生において「家」とは?

A 自分のアイデンティティですかね。ここでどうやって生活するかを考えることが楽しいです。

Part 4

家族一緒でよかった

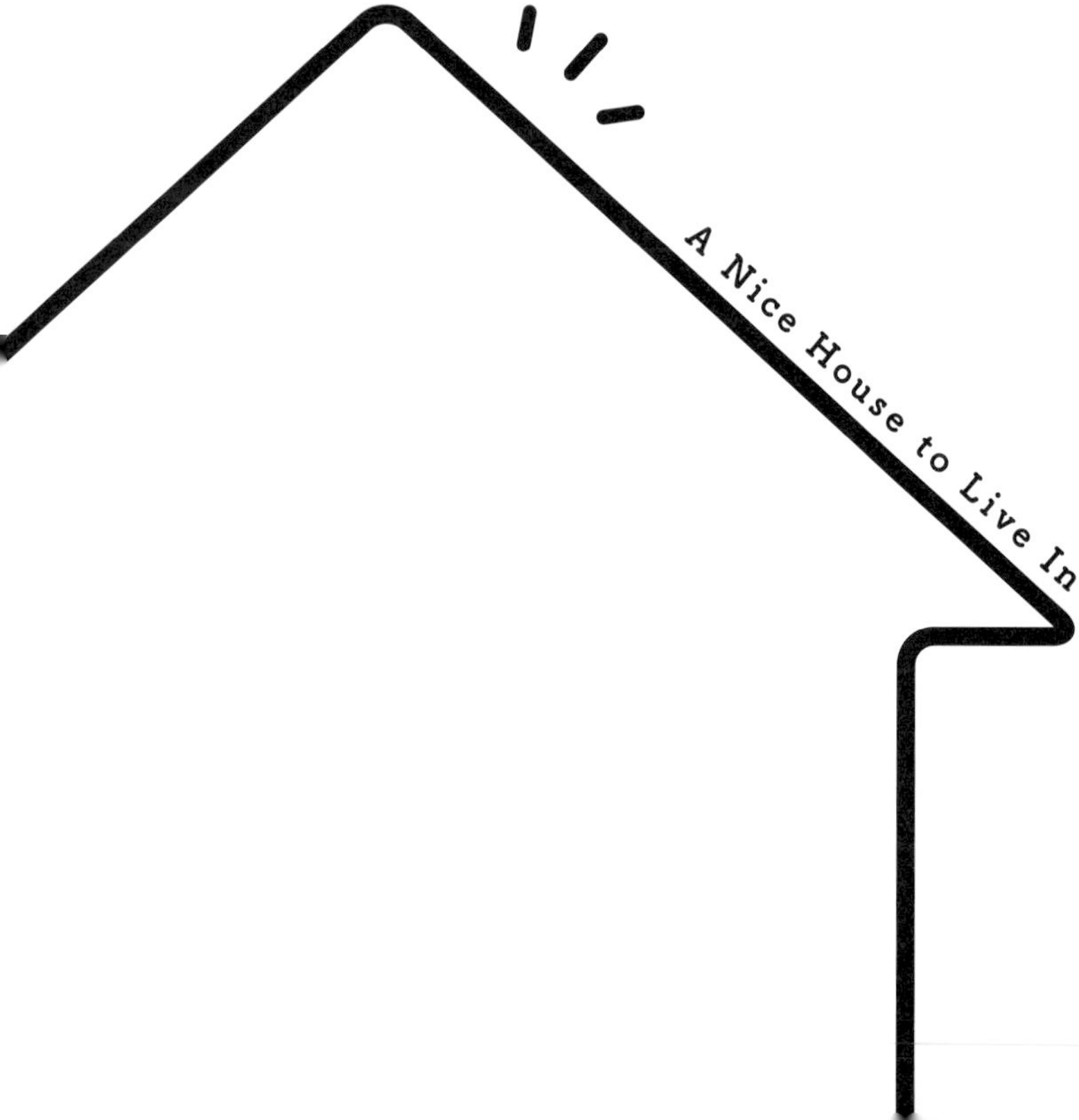

case 12

生活の変化に対応できる設計と設備

未来を想定した家

家族がどこでどのように生活するか、
その生活に必要な物量はどれくらいか、
といった暮らし方を詳細に想定すれば、
家づくりの方向性が定まる。
それは利便的で無駄のない空間に。
住宅のアイデアはライフプランから生まれてくる。

▽間取りと収納、設備をセットで考える 緊急時まで想定した構造と設計にする

同じ居住人数、家族構成、生活スタイルだったとしても、家庭それぞれでスペースの使い方は変わってくるものです。家族共有のスペースを重んじる家庭もあれば、家族それぞれのプライベートを確立させたいという家庭もあるでしょう。その場合、間取りだけでなく、壁の位置や扉なども変わってきます。収納する物の種類や量によって収納スペースの位置や大きさも変わるでしょう。**ライフプランを立てる際、家族それぞれがどのような生活をするかを具現化しておくことで、使い勝手のいい家が導かれます。**フルオーダーであれば細かなところまで設計でき、規格住宅でもアレンジやオプションによってライフプランに適応させていくことが可能です。

また、**地震や台風などの災害時のことを想定しておくのも重要**です。耐震性や耐久性などの性能を高めておくことは前提です。そのうえで、例えば停電したときの対策をしていなければ困窮しますよね。オール電化にすることを懸念される人は、停電を心配されていますが、実は対策方法があります（150頁で解説）。

未来を想定した家

完成 2024年10月　建物面積 134.63㎡（40.72坪）

分類 注文住宅　オーナー KG様（夫婦、子ども1人）

1階

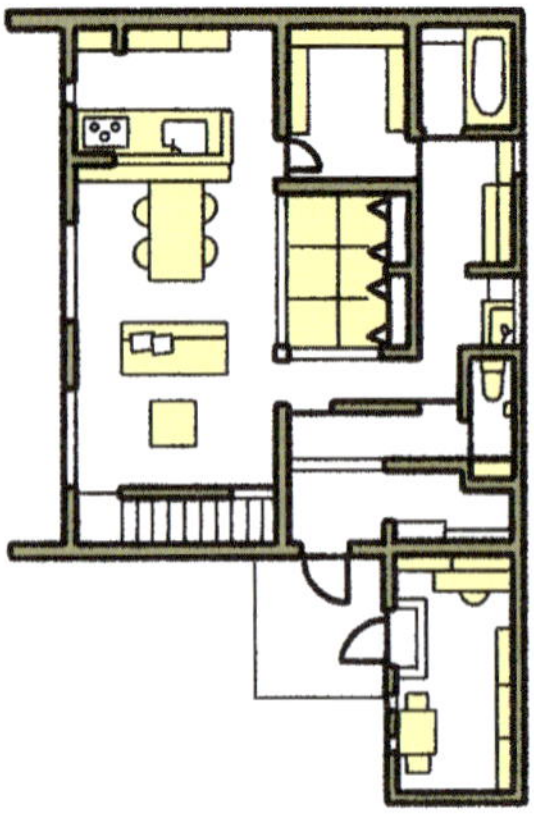

2階

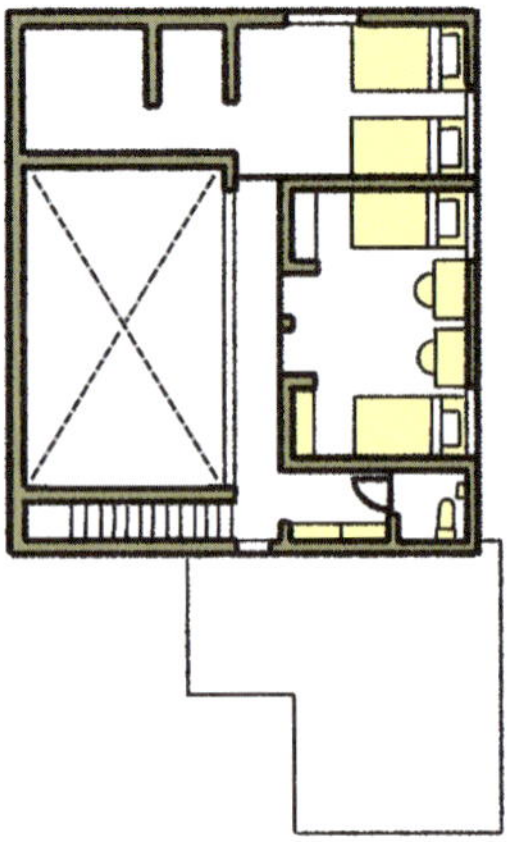

▽2つの玄関で仕事と私生活を区分 スペースを有効活用した収納と可動式の棚

リモートワークがワークスタイルの1つとして確立された今日、家族の姿を見ながら仕事をする人もいれば、部屋の一角を独立させて半個室で働く人もいます。事例の家は、オーナーがファイナンシャル・プランナー（169頁で解説）という職業柄、来客と打ち合わせをすることもあり、**居住用の玄関とは別に玄関を設置して完全に独立した空間**にしています。使い方が明確だからこその設計といえるでしょう。

収納スペースも各所に必要面積を確保していますが、いっさいの無駄がありません。階段下や屋根裏といったデッドスペースを活用しているのも1つですが、特に注目なのが収納棚です。**置く物を想定した奥行きにしてスペースの無駄を省いているだけでなく、この棚は可動式で高さを変えることもできます**。

また、事例の家は太陽光発電を設置していますが、**災害時は自立運転に切り替えられる**ようにしています。ちなみにトイレは2つあり、1つはタンクレスですが、もう1つはタンク式なので断水時の対策も万全です。

CLOSE-UP!

完全独立したワーキングスペース

白色のガルバリウム鋼板の外壁のシンプルな外観で、種類の違う2つの玄関扉がアクセントに。右側がワーキングスペース。将来、退職した場合は趣味の部屋や子ども部屋、来客用としても使える。

CLOSE-UP!

棚の高さを変えられる収納

シューズクロークは靴のサイズを想定した奥行きの棚で、可動式なので高さを変えられる。造作家具と一体化したキッチンカウンター。幅を大きくすることで置く物の量や大きさにも対応。

CLOSE-UP!

太陽の力を常時有効活用

太陽光発電によって省エネを実現。停電時は自立運転に切り替えることができ、冷蔵庫の上に自立運転コンセントを設置。子ども部屋はあえて北側に窓を設置し、朝日の影響を受けず、睡眠の質を高められる。

CLOSE-UP!

洗面スペースの建材の工夫

無《む》垢《く》材《ざい》の床だが、お風呂場との出入り場所のみ耐水性の高いフロアタイルを使用している。洗面台の一面の壁のみ防水性の高いビニールクロスを使用。内装の耐久性を高める。

▽家族全員の収納計画が居心地のよさを決める
先を読めない事項はあとから考える

高性能の追求は前提になりますが、**家づくりの最重要ポイントは、使い勝手のよさ**です。暮らし方は人それぞれ違うため、**家族全員の住み始めてからの生活をいかに具体的にイメージできるかが求められます**。事例の家はワーキングスペースを完全に独立させるという希望があったので、玄関を2つつけるという設計ができました。あとから対応しようとすると、大きな修繕費がかかります。

住み始めてから後悔する代表的なものが、収納です。①収納量が想定より多くなり、収納家具を後づけすることに。②置きたいものが収まらず、別の場所に置くことに。③奥側のスペースは物の出し入れがしにくい。④使っていない空間がある。以上のようなケースが多いかと思います。この後悔は、ライフプランがしっかりしていれば解消できます。後づけは費用がかかり、使っていないスペースは無駄で、出し入れがしにくい場合は物の把握ができず、経済面の損失もかなり大きいといえます。そしてすべてにおいてストレスがたまりますよね。

使い勝手が悪い場合、修繕を考える人もいます。当然費用が発生します。もちろん家を建てる際に使い勝手を追求すれば初期費用がかさみます。ただ、**将来的に修繕が発生することを考えれば、住み始めたときからの使い勝手のよさに分があります**よね。これは性能の追求にも同じことがいえます。

また、**使い勝手の追求は、無駄なものを省けるという側面もあります**。例えば、老後のことを想定して設置した手すりや玄関のスロープは、老後を迎えるまでは必要のない設備です。老後に必要になるかもわかりません。こうしたものこそ後づけでよいと思います。

ライフプランは経済面に大きく関わることを再認識しておいてください。費用の有効活用は、長い時間を豊かにすることができるのです。

収納計画のポイント

①適材適所
②収納物に合った奥行き
③家事動線
④生活変化をイメージ
⑤見せる収納と隠す収納の区別
⑥出し入れしやすい高さ
⑦生活変化しやすい部屋は後づけ
⑧湿気対策
⑨家具は背の低いもの
⑩可動式の棚を活用
⑪コンセントを併設
⑫デッドスペースに
予備収納スペースを設置

▽太陽光発電のメリットを最大限にいかす ポイントはオール電化と自立運転機能

省エネ性を高める太陽光発電の費用対効果がよいことはお伝えしました。太陽光発電で得られた直流電力を交流電力に変換し、家の電力に使用できるシステムです。余剰分は電力会社に売電して収入になります。売電の単価より、使用電力のほうの単価が高いため、自宅で消費したほうがお得です。そのためオール電化にすることで光熱費全般を抑え、費用対効果を高められるわけです。

太陽光発電は災害時などの停電した場合にも役立ちます。その方法は2種類。1つは**自立運転にし、発電した電力をそのまま自宅で使用できる機能**です。事例の家では自立運転コンセントを冷蔵庫の場所に設置し、停電時でも食材を保存できるようにしています。携帯電話の充電にも役立ちますね。延長コードを使用すれば、使い勝手は広がります。

懸念点は夜間。太陽光発電は日射時間しか機能しません。そこで2つ目として、夜間に使用する場合は蓄電池が必要になります。停電が長期的になった場合、蓄電池があれば家族の生活を守れます。ただ、通常時の夜間にどれだけ電力を必要とするかは家庭によって違うでしょう。緊急事態に備えて投資するかどうかは、個人それぞれの考え方があると思います。なお、Ｖ２Ｈに対応した電気自動車であれば、太陽光発電の電気を自動車に蓄え、それを家庭で使うことができます。

補足ですが、日射と生活の関係性も捉え方次第です。東側と南側の窓面積を大きくして日射を取り入れるのが一般的ですが、事例の家では北側のみに設置しています。これは朝日で睡眠の質を損なうという考えによるものです。これもライフプランがあってこそいかされた間取りといえるでしょう。

家づくりで考えるべき点はたくさんあります。ただ、**将来を想像しながらつくり上げていくのは楽しそうだと思いませんか。家づくりが一生に一度の経験になるのなら、その過程も充実させたいですね。**

V2Hとは？

「Vehicle to Home（クルマから家へ）」の略称。V2H対応の電気自動車であれば、蓄えられた電力を、V2H充放電設備を使って自宅に共有できる。導入費用が高いので、蓄電池同様に投資するか否かの判断は分かれる。

case 13

子育て中パン屋さんの夢ある設計

子どもと目が合う家

子どもと一緒にいられる期間や時間は限られている。
子育て、家事、仕事のすべてを円滑に行うには、
家のつくりも深く関わっている。
ポイントはそれぞれの目的を明確にし、
その目的に最短距離で向かえること。
すべては設計から始まる。

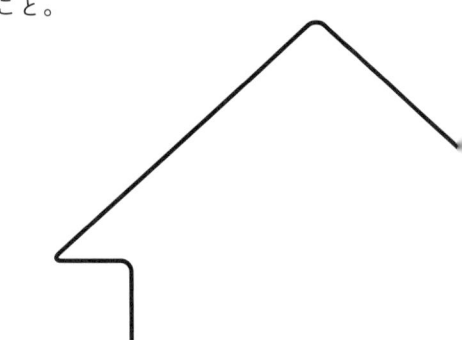

▽家族の今と将来の生活スタイルを想定 限られた空間を有効活用できる間取りに

多くの家庭にとって生活の拠点になるのが、リビングでしょう。ダイニングやキッチンだけでなく、ほかの部屋やトイレ、お風呂場などへもリビングから行き来しやすい間取りだと、生活の質がぐっと高まります。これは玄関からの動線にもいえることで、玄関からリビングだけでなく、トイレへの動線、さらにはシューズクロークや階段への動線という3方向の選択肢を設けた間取りもあります。

ここで重要なのが、**家族の生活スタイルに合う設計にすること**。これは今だけの話ではなく、**将来まで見据えて考えたい**ところです。また、**ワークスペースをどこに設置するか、家事や子育てとの連動も重要**になります。

スペースを広くとると、収納スペースの確保がネックになります。収納のポイントは適材適所ですよね。生活動線を踏まえたうえで、どこに、どれくらいの広さを確保するかがテーマです。住宅にはデッドスペースが生まれるものです。そこを収納に活用する手もあるでしょう。

子どもと目が合う家

完成 2019年2月　**建物面積** 154.48㎡（46.72坪）
分類 注文住宅　**オーナー** NM様（夫婦、子ども3人）

1階

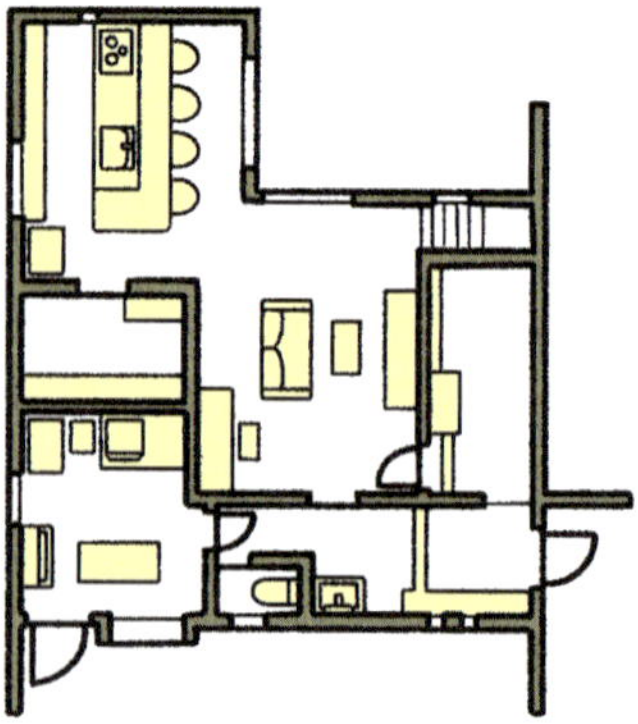

2階

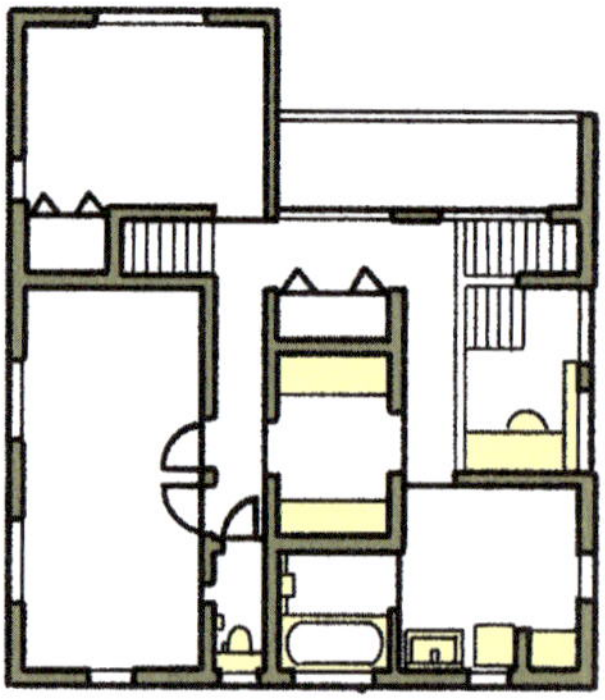

▽親子が近い距離感でそれぞれの生活をする目線を合わせられる空間演出がポイント

仕事や家事をしながら子どもとの時間の確保を追求したのが事例の家です。奥様がパン屋さんを営んでおり、店舗は自宅の一角にあります。扉を挟んで玄関ホールとつながっているため、子どもが帰ってきたとき、「おかえり」と出迎えられます。玄関ホールには洗面台を設置し、すぐに手洗いとうがいができるようにしています。また、シューズクロークへの動線もあり、そこを抜けてリビングに回れます。

キッチンとダイニングは一体化した間取り。キッチンカウンターで子どもが宿題をしているとき、対面で料理ができます。**ダイニングの床を高くしているため、座った子どもと同じ高さの目線になります**。パントリーには食材のほかに文房具などの生活雑貨も収納しており、扉で仕切られているので生活感が表に出ません。

階段の途中にあるスキップフロアはご主人のワークスペースで、下にあるシューズクロークの天井を低くすることで生まれた空間です。子どもがここで本を読むことも。リビングから格子越しに子どもの様子を見ることができます。

CLOSE-UP!

顔を合わせられるキッチンカウンター

カウンターに座った子どもが調理に興味を持ってのぞき込むこともあるそう。つくったものをすぐに配膳でき、食べ終わった食器もすぐに戻せて利便性に優れている。

CLOSE-UP!

帰宅後の手洗い、靴の収納がしやすい

家族の手洗いとうがいの習慣がつくだけでなく、来客にも適している。シューズクロークに靴を置けば、玄関は常にすっきり。玄関に設置した腰掛け用の棚は、靴の脱ぎ履きだけでなく、荷物の置き場としても活用。

CLOSE-UP!

階段途中のスキップフロアがワークスペースに

シューズクロークの天井を低くすることで生まれたスペース。延べ床面積が限られていても高さの空間を利用できる好事例である。格子状の柵《さく》のため開放感もある。

CLOSE-UP!

自宅の一角がパン屋さんになっている

玄関の反対側にお店の入り口を設けている。窓のあるカウンターで商品と代金の受け渡しができ、働く側もお客さまも便利。天然酵母を使用した焼きたてのパンは、閉店前に売り切れることが多いそう。

▽家族の夢を育み叶える間取り アプローチ力の高い動線がポイント

高性能と利便性を実現させるのと同時に、費用減を求めるのは当然のことです。ただ、そこだけにとらわれてしまい、暮らしの目的を置き去りにしてしまうのも残念ですよね。その目的はさまざまでしょう。事例の家は、夢だったパン屋さんを自宅につくることを実現しました。パンをつくって販売するには、時間を要します。その時間を確保するためには、実は住宅の性能や間取りが大きく関係しています。例えば、**通気性が高いため洗濯は室内干しが可能で、夜に洗濯物を干せば、朝には乾いており、朝の時間を確保できる**のです。

間取りについては、移動のしやすさ、家族との生活のしやすさ、収納の３つがポイントになります。まず、移動のしやすさは、目的地へのアプローチが最短距離になる動線です。例えば買い物帰り、玄関から直接キッチンに行けると便利ですよね。ガレージからキッチンへのアプローチ動線も有効です。また、リビングやキッチンは家族が長い時間を過ごす場所。ここからトイレやお風呂、別の部屋に行ける動線があれば便利です。もちろん家事はしやすくなります。

次に生活のしやすさでは、**家族と共有できる時間にウェイトを置きたい**と考えます。例えば、L字形のキッチンの場合、リビングの視界が閉ざされ、家族の様子を見ることができません。事例の家は対面式のキッチンカウンターで、リビングも見渡せます。

さらには階段途中のスキップフロアも格子状の柵なので視界に入るという間取りなのです。

2階を見ると廊下でぐるりと回れる間取りになっており、中央のファミリークローゼットは両側から出入りできるので便利です。収納については、さまざまなアイデアがありますので、次頁で詳しく解説します。

なお、店舗の併設で初期費用は一般住宅よりも高くなります。事例の家は、1階の上に同じ形状の2階がある構造になっており、施工費用を抑えられています。資金計画を立てたうえで、予算オーバーにならずに理想の家を追求する方法は、実に多岐にわたります。

ピアノを置く予定がある場合

ピアノは重量があるため、床を傷める可能性がある。床補強をしておくと安心なので、設計の段階で伝えておくとよい。

▽スペースを生み出す設計で、物を見せる余裕も生まれる そこから生まれるのが、心のゆとり

収納は適材適所で計画を立てることがポイントだと説明しました。収納物や収納量がわからない場合は、予備の収納スペースがあれば安心です。屋根の勾配《こうばい》で生まれる屋根裏は最も活用しやすいスペースでしょう。また、**「収納箇所をまとめる」という考え方もあります**。例えばファミリークローゼット。事例の家は2階の中央に広大なファミリークローゼットを設置し、そのまわりに部屋を配置しています。これで回遊性が生まれ、家族全員の動線が確保できているのです。間取りによっては超ワイドのファミリークローゼットも設置できます。

収納スペースが余るのももったいないですよね。事例の家はシューズクロークの天井を低くして、収納スペースの高さを小さくしています（収納量は変わらない）。その上部分をスキップフロアにして新たなスペースを生み出した好事例です。また、パントリーの広さを確保できている分、調理関係のものはすべて収まります。これにより**本来は収納の役割だったキッチン棚が、ものを飾るインテリア空間**に。冷蔵庫はもともとキッ

チンに置く予定でしたが、パントリー内に置いて、その部分には植物を置きました。計画どおりに収納ができると、当然ですが片づいた空間になります。後づけで収納家具を置く必要もなくなり、広い空間で過ごせるわけです。

自宅の一角に併設した3坪の店「らむぱん」。窓越しにパンのショーケースが見えるようになっており、窓で商品とお代の受け渡しをする。外壁の一部にパイン板を使い、温かみのある雰囲気になっている。アプローチ部分の上はひさしになっており、雨の影響も受けにくい。写真提供：らむぱん

事例の家は、リビングからウッドデッキに行けます。目前には茶畑が広がり、その先にある**公園で子どもの遊ぶ姿も見える**そうです。生活が豊かになれば、仕事に専念する時間も確保でき、両立が叶《かな》うわけです。ちなみに奥様が営まれているパン屋さんのパンは、天然酵母を使用しています。家の豊かさを見るだけで、そのパンのおいしさが伝わってきそうですね。子どものころから夢だったパン屋さんを自宅に設けた奥様。子どもたちはその姿を見て大きくなっていきます。

case 14

建築生物学で空気と水をきれいにする

家族の心を守る家

家の本来の価値は、住んでいる人だけがわかるもの。
機能性、デザイン性、生活の利便性だけでなく、
豊かさを感じられるものが価値を決める。
その1つが家族の健康。
体調のよい日々は、心も豊かにする。

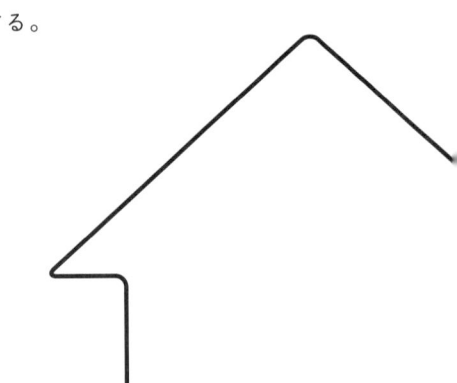

▽空気クオリティを高めることに加え きれいな水で、電磁波ストレスもない空間に

ある仕事関係者の方のお話です。実家の日本家屋で生活していましたが、大学の進学を機に賃貸マンションで一人暮らしをすることに。すると、肌のコンディションがかなり悪くなったそうです。日本家屋は天然の建材を使用しており、通気性も高いことから空気クオリティが高い住宅です。この実体験から現在、空気クオリティの高い家づくりをされています。

空気クオリティについてはPart1で解説しました。住宅性能表示制度の基準に化学物質濃度も含まれています（選択制）。**家は第三の皮膚とも呼ばれるくらい健康に深く関与した空間**です。ちなみに第二の皮膚は衣服。例えば、ゴアテックスという通気性に優れた雨合羽は快適ですが、ひと昔前の雨合羽は常に蒸れた感覚でしたよね。これと同様なことが室内に起きていたら大変ですよね。湿気だけでなく、二酸化炭素や化学物質が含まれている空間で呼吸をしていると、当然、体調を崩してしまいます。現在、建築生物学（バウビオロギー）というドイツ発祥の学問も生まれており、建築物と空気の関連性がより注目されています。

子どもの心を守る家

完成 2017年4月　建物面積 161.06㎡(48.72坪)
分類 注文住宅　オーナー NT様(夫婦、子ども2人)

1階

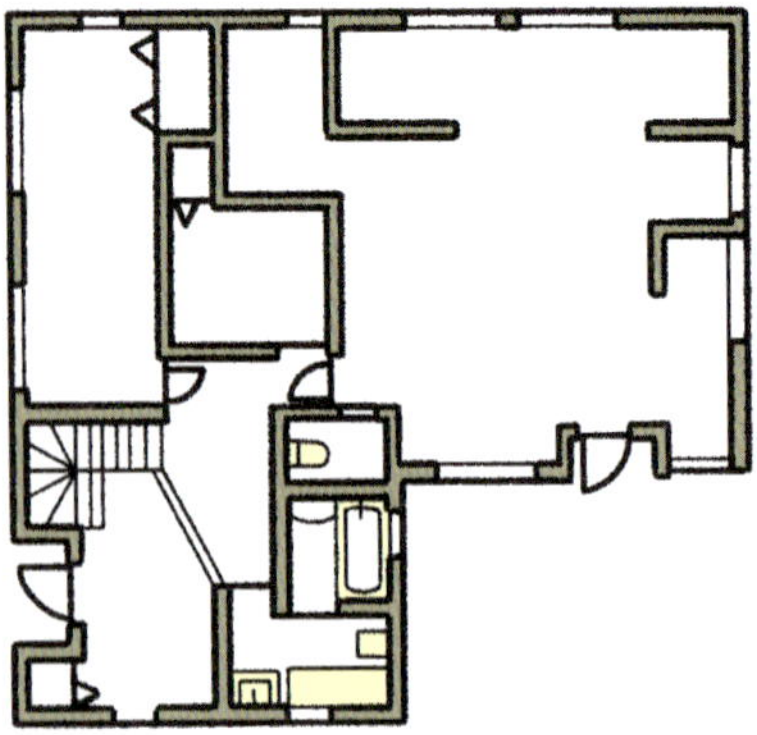

2階

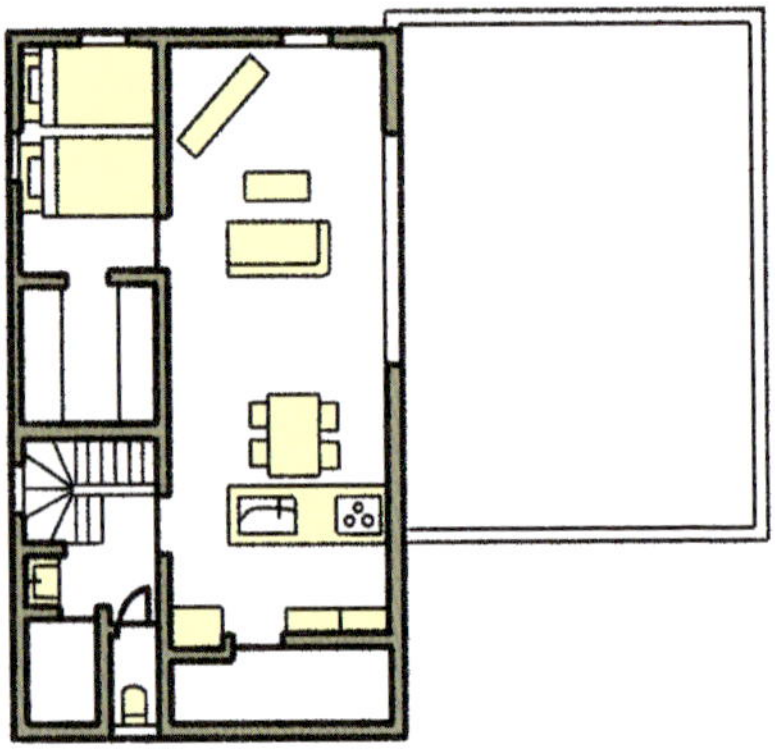

▽美容室ではお客さまを、家では子どもの肌をきれいに 目に見えない害をすべて排除する

家づくりは、美容室の開業が大きな目的でした。1階の大部分を店舗にし、残りのスペースにお風呂、トイレ、子ども部屋、客間を設け、生活スペースは2階にまとめています。**仕事と子育てを両立させるという明確なコンセプトに基づいた設計**です。黒い外装はデザイン性に富んでおり、内装も黒をベースカラーに木材と融合させて統一感を出しています。また、玄関へのアプローチに錆《さ》びた資材を使い、内装にも古材やコンクリートなどを取り入れ、レトロな風合いに仕上げています。

さらにこだわったのが、子どもの健康を守ること。WB工法により性能を高めることはもちろん、**建築生物学をもとに、湿度を常時70％以下に保てる通気性と透湿性の高さを実現**。また、「セントラル浄水器」も設置。水道管を通って自宅に入ってくる水すべてを浄水して、残留塩素を取り除いています。室内は電磁波の除去の設計も施されています。美容室の上側にあたる2階のバルコニーを40㎡という広さにし、子どもが自由に遊べる空間にするなど、心の健康にも配慮しています。

CLOSE-UP!

外と中を統一したデザイン

黒をベースカラーに木材やコンクリートを融合。外構は意図的に錆びた資材、店舗には古材を使用。キッチンの作業台はコンクリート仕立て。重厚感がありながら風合いのある印象になっている。

CLOSE-UP!

家の水すべてに対応したセントラル浄水器

蛇口などにつける浄水器とは異なり、水道管を通って自宅に入ってくる水すべてを浄水して、残留塩素を取り除いている。カルキ臭もない。自宅と美容室でクリーンな水を使用している。

CLOSE-UP!

子どもが遊べる開放感のある屋上空間

2階のリビングから出られるバルコニーは、1階の美容室の上のスペース。40㎡以上もある。庭は来客の車の駐車もあることから、安全に遊べる場所を確保した。

CLOSE-UP!

2階とロフトは光あふれる居住空間

2階にLDKと寝室を確保し、お店の営業が終わったら家族全員が過ごせる場所に。リビングには大窓から日射が入り、屋根裏にも日射を確保できる窓を設置。吹き抜け構造のため、開放感もある。

▽空気クオリティを高めた美容院兼自宅
ファイナンシャル・プランナーと人生計画

初期費用は考え方次第で高くも低くも感じられるものかもしれません。事例の家は美容院を併設する注文でした。もし賃貸店舗にした場合、家賃が発生しますし、通勤の費用と時間がかかってしまいます。それを考えると、自宅に併設することは合理的な計画でした。注文住宅の場合、こうした店舗と自宅とをセットにして相談できるのも魅力です。ただし、住宅のみのライフプランよりも考えることは増えます。

こうした場合、**ファイナンシャル・プランナーの力を借りることが有効**です。住宅会社によってはファイナンシャル・プランナーが常駐していたり、提携していたりします。住宅ローンや税金控除、補助金、保険など資金計画に関わることを説明してもらいます。その際、住宅にかかるランニングコストとセットで見ていく必要があるので、ファイナンシャル・プランナーと住宅会社の担当者と一緒に話し合っていくことが重要になります。**私が〝家づくりは人生づくり〟と呼ぶことには、資金計画も含まれています**。

ファイナンシャル・プランナーとは?

生活設計、貯蓄計画、投資、保険など、総合的な資産設計（ファイナンシャル・プランニング）を企画立案し、その実行を支援する人。住宅にかかるお金の設計だけでなく、生活全般にかかるお金を考慮した提案をしてくれるプランナーがふさわしい。

　事例の家は、資金計画の不安を解消したのち、よりよい空間づくりを求められました。美容院ではお客さん、自宅では家族が快適に過ごせる空間にしなければなりません。WB工法の家は室温、湿度、空気クオリティを高めるために最適な住まいです。湿度を保つことを調湿性といいますが、WB工法は構造体の調湿効果も利用するので、梅雨時期も快適です。**空気調和設備や機械換気に頼らなくても自然に適度な湿度を保てる**わけです。これは二酸化炭素や化学物質の排出においても同様に働きます。

　これによりアレルギー体質だった子どもの肌のコンディションが、劇的によくなったそうです。**「家族を健康にできる家」は心も豊かにしてくれる**ものです。また、室温も常に適温で、2階の生活スペースではエアコン1台で全空間の空調をまかなっています。

▽セントラル浄水器で家の水すべてをきれいに　エコキュートで光熱費の削減

家族の健康を守るには、水のクオリティも重要です。事例の家が取り入れたのが、「セントラル浄水器」でした。カルキ臭さを取り除くために蛇口に浄水器を取りつけることは多いと思いますが、**セントラル浄水器は水道管を通って自宅に入ってくる水すべてを浄水して、残留塩素を取り除く**というシステムです。水道水を殺菌する塩素（次亜塩素酸ナトリウム）は、髪の毛や肌のバリア機能を壊してしまう特性があります。手洗い、洗顔、お風呂で使用する水まで安全なものにするには、セントラル浄水器が最適といえます。

また、事例の家で**健康のためにさらに取り入れたのが、電磁波対策（「オールアース」という）**です。配線などが通る床下や壁面から出る電磁波を外部に逃がすように、アース線をつないだ導電性繊維を壁内に施工しています。

健康のためにお金をかけることは有意義ですが、初期費用がかさむことは懸念点ですよね。やはりランニングコストを抑えることで、長期的なコスパを考えるべきでしょう。太陽光発電による光熱費の削減については説明しましたが、さらにその恩恵を受けるために「エコキュート」（商品名）をおすすめします。夜間電力などを使って空気を圧縮し、熱を取り出して効率よく水を温めるシステムです。タンクには370〜460Lもお湯がたまっているので災害対策にもなります。

さらに**おすすめなのが、太陽光発電の余剰電力を活用することができる「おひさまエコキュート」（商品名）**です。ガス代の削減と電気代の両方を削減できるのです。事例の家は家庭だけでなく、美容院でも温められた水を使用していますから、光熱費抑制の貢献度がかなり高いといえます。

このようにランニングコストまでを考えて資金計画をすれば、家族の健康を守るための初期費用の捉え方が変わってきます。事例の家のご夫妻は、元気に過ごす子どもの姿を見て、「住んでよかった」と感じています。

余剰電力は売るより使うほうがお得

2025年度の固定価格買取制度（FIT）の売電価格の予定は「15円/kWh」（10kW未満の場合。電力会社によって異なる）。また、FITで定められた買取の調達期間は10年で終了するため、その後は変動価格となる。これに対して使用した場合は「31円/kWh（2022年7月22日改訂時）」。つまり、発電した電力はできるだけ使用したほうがお得になる。

case 15

夢×家
家づくりは人生づくり

太陽をつかんだ家

耐震性や耐久性が安心を、
断熱性や通気性、気密性、省エネ性が
家の寿命を伸ばすとともに、
快適さを住む人にもたらす。
これらは住み続けながら感じられるもの。
家づくりは人生づくりの出発点である。

▽家は建てるのが目的ではない 人生を豊かにするために家がある

家を建てたお客さまから「住み心地がとてもいい」といわれるとホッとします。また、「貯金ができるようになった」といわれるとさらにうれしくなります。家をつくる人の目的はそれぞれです。その家で充実した人生を送りたいという気持ちは共通しているでしょう。ところが、家を建ててローン返済や修繕費のために働くような気持ちになる人もいるようです。せっかく目的の家を手に入れたのに、残念だと思いませんか？ **私は〝家がその人の足（人生）を引っ張ってはいけない〟と思っています。**

高性能住宅では安心と快適性を得られます。それは子どもや地域の未来にまで続くものです。その家で暮らす人が人生の目的を果たしていく。これこそが価値ある家だと思います。これを実現するためには、繰り返しになりますが、ライフプランをより具体的にすることです。ライフプランはそれぞれ違うものなので、当然、家の設計図も異なります。だからこそ、**自分（家族）だけの家ができあがるのです。**

太陽をつかんだ家

完成　2015年3月　建物面積　247.39㎡（74.83坪）

分類　注文住宅　オーナー　著者・平松明展（夫婦、子ども3人）

1階

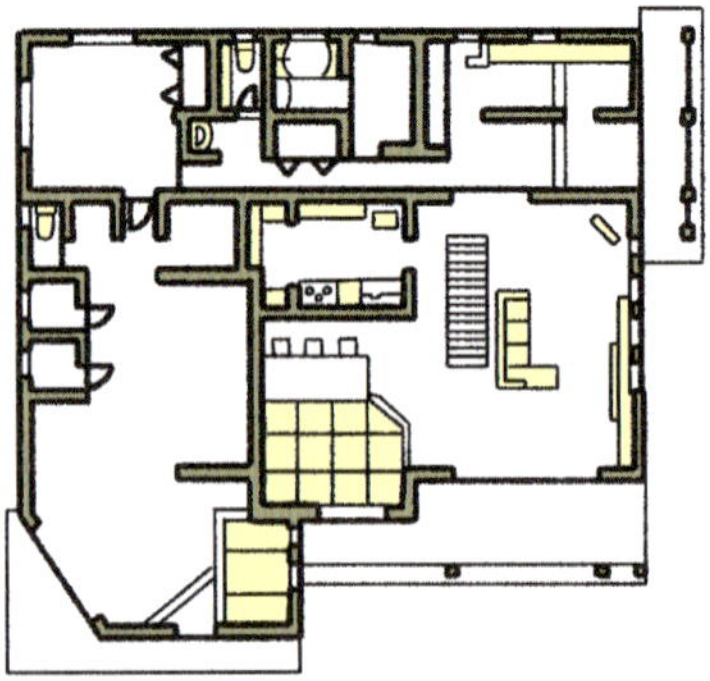

2階

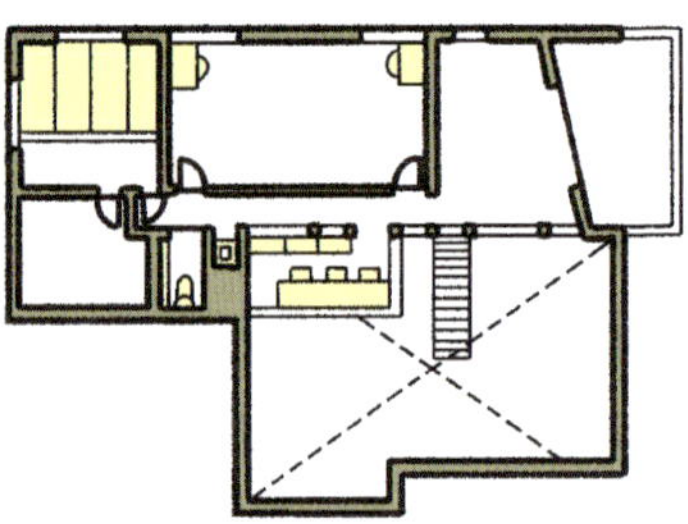

▽事務所兼自宅で家族が再出発 10年経って夢が1つずつ現実に

私が営む事業を成功させる拠点、家族を養う拠点として建てたのが、我が家です。住み始めて10年ほど経ちますが、安心して快適に暮らせています。私個人としては事業展開を続けられており、**家族それぞれが人生の目的を果たしながら成長している**ことに充実を感じます。この家はＷＢ工法と太陽光発電という、現在の平松建築が手がける家のベースともいえます。一見、平屋のようですが、これは太陽光発電の設置で片流れの大きな屋根にしているからです。反対側に空間ができ、そこが2階になっています。

もちろん、「こうしておけばよかった」という点はいくつかあります。この家を建ててから約10年の期間で、工法、建材、設備など家に関するさまざまなことが発展していますから。ただ、ＷＢ工法と太陽光発電の恩恵は日々感じています。この組み合わせは、きちんと施工さえすれば失敗はないと確信できました。

家族と一緒にいられる時間を楽しめる、なにものにも代えがたい家です。

CLOSE-UP!

リビングを広げる南側の大きな窓

リビングに大開口の窓を設置。窓を開放すれば、ウッドデッキと庭の空間が広がり、大きなリビングと化す。ウッドデッキでお茶、ハンモックでお昼寝、庭で子どもや愛犬が遊ぶ。

CLOSE-UP!

大きなひさしで日射遮蔽《しゃへい》と風雨を防止

太陽光発電を設置した大屋根は、ひさしを大きくし、ウッドデッキや外壁を風雨から守る。夏場は日射調整にもなり、断熱にも有効。安定感のある外観も生み出している。

CLOSE-UP!

家族が顔を合わせる間取り

リビングに階段を設置していることで、家族の行き来を確認できる。キッチンからダイニングとリビングが見渡せるので、家事をしながら家族の様子を見ることができる。

CLOSE-UP!

断熱性と日射を考慮した窓の数と大きさ

断熱性を高めるために窓数や大きさを調整した設計に。小窓の配置は外観デザインにつながり、夜は外構の灯《あか》りとともに昼とは違う表情を見せる。

▽長期優良住宅は夢と資産形成を同時に叶える人生を後押しするのが、家づくり

私は日本家屋が好きです。天然木の風合いはもちろん、家の寿命を延ばすための設計と、それを実現するための職人技術を感じられるからです。１００年以上もつ家ですが、冬場は寒いという特性もあります。この懸念点を払拭《ふっしょく》するために、新たな工法や建材を使った家づくりを進めているわけです。**日本には家が余っているといわれていますが、長く住み続けられる高性能の家はまだ不足している**といえるでしょう。将来に家の価値が残っていることは、例えば５０００万円で建てた家が４５００万円で売れるともいえます。35年の住宅ローンを払ったら価値が残っていない家は、建てるべきではないと思います。また、35年後のトータルコストは、高性能住宅であれば、低性能住宅よりかなり抑えられています（表参照）。

そういった意味で**資産形成はとても重要**です。賃貸と違うのは、住宅ローンを返済したら、維持管理費と固定資産税、各種保険の支払いだけになること。高性能であれば光熱費も抑えられたままです。老後の生活が豊かになると思いませんか？　**家づく**

りは投資価値の高いものだといえますよね。

住宅ローンを支払っている期間の生活、その後の生活で快適な暮らしができることは、お金では表せないことです。それは、人生を後押ししてくれているともいえるでしょう。家づくりの動機はそれぞれあってよいと思います。「子どもが生まれたのを機に広い住まいにしたい」「自宅で仕事ができるようにしたい」「二世帯生活をしたい」……。こうした動機に資産形成を取り込んでください。夢や目的をより実現しやすくしてくれると思います。

戸建てorマンションのコストシミュレーション例（35年想定） 単位：万円

	マンション	戸建て	高性能戸建て
土地価格	500	2,000	2,000
建物価格	4,028	2,455	3,500
金利（1.5%35年均等返済）	1,294	1,273	1,572
光熱費	840	1,260	420
メンテナンス費用	210	840	420
修繕積立金	840	0	0
管理費	630	0	0
太陽光発電	0	0	−672
固定資産税	700	420	525
売却予測額	−1,528	−2,000	−2,716
トータルコスト	7,514	6,248	5,049

▽家づくりは本当に難しい 次なる家にいかせる住む人の声

古いものから学び、新しいものを生み出す「温故知新」という言葉。100年前の家から学べることもありますが、十数年前の家から学べることもあります。我が家で暮らして学べたことがたくさんあるからです。どんなに緻密《ちみつ》にライフプランを作成しても、少し時間が経って変わることはあるものです。もちろん**「そこは想定できたはず」ということは避けたい**です。家族で暮らす場合、家の価値は家族それぞれで違ってくるものです。妻にも「ここが不便」と感じていることがあるようです。

例えば、洗濯物の動線。1階で洗濯したものを2階のフリースペースやバルコニーに持ち運んで干す手間です。家を建てた当初は、1階のウッドデッキや庭で干していましたが、犬を飼うことになり、干す場所を変更せざるを得なくなったからです。また、1階に設置した薪《まき》ストーブは、薪や火の管理が面倒であることがネックになっています。エアコンによる暖房よりも部屋は温《ぬく》もりますが、毎日の作業となると億劫《おっくう》になってしまうこともあるのです。

私の気づきとしては、水回りの建材の選択ミスです。天然木が好きなのでキッチンや脱衣室の床を全面板貼りにしましたが、キッチンでは汚れ、脱衣室では水の染みが出て、それを取り除くことは困難です。ここは、部分的にでもフロアタイルにしておけばよかったと思っています。

家事動線は想定外だったとしても、薪ストーブや水回りの天然木の使用は、私の趣味趣向を優先したことによる反省点です。**家づくりは「最終的になにを優先するか」という判断の繰り返しでできあがっていきます**。優先順位自体に間違いはなかったと思っていますが、デメリットを深く理解しておけば、別の対応策もあったと思います。よく同業者と「家づくりは本当に難しいですよね」という会話をします。お客さんによって答えがそれぞれあり、そこから学ぶことばかりです。

もちろん、私は我が家を「建ててよかった」と思っています。それは高性能がもたらす快適性や利便性という側面もありますが、やはり**「考えてつくった」という過程があるから**です。また、**家をつくったらゴールではなく、私が人生づくりの道中に家族と一緒にいるから**だと思います。本書で紹介した事例のご家庭と同様に「住んでよかった」と心から感じています。

住んでよかったオーナーの声

｜ NT様 ｜ 子どもの心を守る家（164頁） ｜

家を建てようとしたきっかけは？

A アレルギー体質の子どもが安心して暮らせる住まいを求めていました。室内に湿気がなく、きれいな空気を維持するには、戸建てが最適でした。

家づくりで優先したことは？

A やはり健康的に暮らせる空間です。空気クオリティだけでなく、セントラル浄水器、電磁波対策によってより安心して暮らせます。

住宅会社からの提案でよかったことは？

A 健康へ配慮した住宅設計ですね。例えば、無垢材を利用することで見た目、木の香りなどから心を落ち着かせる効果を得られました。

住んでみて「よかった」と感じることは？

A 湿気のない空間ですね。においもこもりません。住み始めて7年経ちますが、高い性能のままです。家族が快適に暮らせるのはもちろんですが、美容院を併設しており、通勤の時間を省くことができました。それで事業も上向きになっています。

家族はどう感じている？

A 年中、床がさらっとしているところを喜んでいます。子どもはアレルギーの症状が出にくくなりました。夫（元プロボクサー）はサンドバッグをつけられて喜んでいます。

「こうしておけばよかった」という点は？

A キッチンパネルとか、あとからつけられるものも想定して設計してもらったので、課題点はまだないですね。

人生において「家」とは？

A 一番に帰りたくなる場所ですね。仕事をしていても学校から帰ってくる子どもに「おかえり」といえるのも幸せです。

Part 5

「住んでよかった」を叶える設備

A Nice House to Live In

理想の追求に終わりはない。

目的どおりの家ができたとしても、さらに安心、安全で快適な暮らしを求めることが、その家の価値と人生の豊かさにつながる。それを叶《かな》える1つの要素が設備。これらは初期の段階だけでなく、後づけが可能なものも多い。リフォームにも検討するべきもので、マンション住まいの人にも取り入れられるものがある。ここで解説する内容にヒントを得て、「住んでよかった」を叶えるタイミングを逃さないでもらいたい。

コスパ最強家電の善し悪し

優先順位でその価値は分かれる

費用面と商品価値を照らし合わせ、最適な判断をするには選択肢を多く持つことが重要です。例えば**食洗機の場合、国内メーカーのものだけで比較するのではなく、海外メーカーも選択肢に入れるべき**です。特にヨーロッパの製品が発達しています。水資源が日本よりも貴重な地域なので、限られた水の量で一度に食器を洗うことを考え、大容量のものが主流になっています。初期費用は国内のものより高くなりますが、省エネ性が高く、耐用年数が長いことからコスパが高いといえるでしょう。

キッチンコンロでは、ガスコンロとＩＨクッキングヒーターでの比較になると思います。ガスは熱の調理器具に触れる面積が大きいことから、料理のクオリティが高くなるというメリットがあります。ただ、**ＩＨの場合、太陽光発電を設置してオール電化にしていれば光熱費をぐんと下げられます**。

ほかにも空調設備、洗濯乾燥機、給湯器など、費用と使い勝手を照らし合わせ、コスパのよい最適なものを取り入れたいです。

国内食洗機・海外食洗機

国内のものは軽く湯洗いしてから食洗機にかけ、さらに容量が小さいため水を多く使い、手間もかかる。海外のものの中には、食器をそのまま入れるとセンサーで汚れの度合いを感知する機能がある。また大容量なので1日分をまとめて洗え、乾燥機能も優れているものが多い。耐用年数が長いことから、初期費用が高くても買い替えの頻度は少なくてすむ。

ガスコンロ・IHクッキングヒーター

光熱費は太陽光発電を設置していればIHのほうが抑えられるが、そうでない場合、シミュレーションをしての判断となる。火災リスクはIHのほうが低いが、ガスコンロも火災防止機能が進化している。IHはフラットなので掃除をしやすいが、土鍋や中華鍋など丸みのあるものは不向き。ラジエントヒーターというニクロム線に通電して発熱するものもあり、ガスとIH、IHとラジエントヒーターを組み合わせた製品もある。

全館空調システム

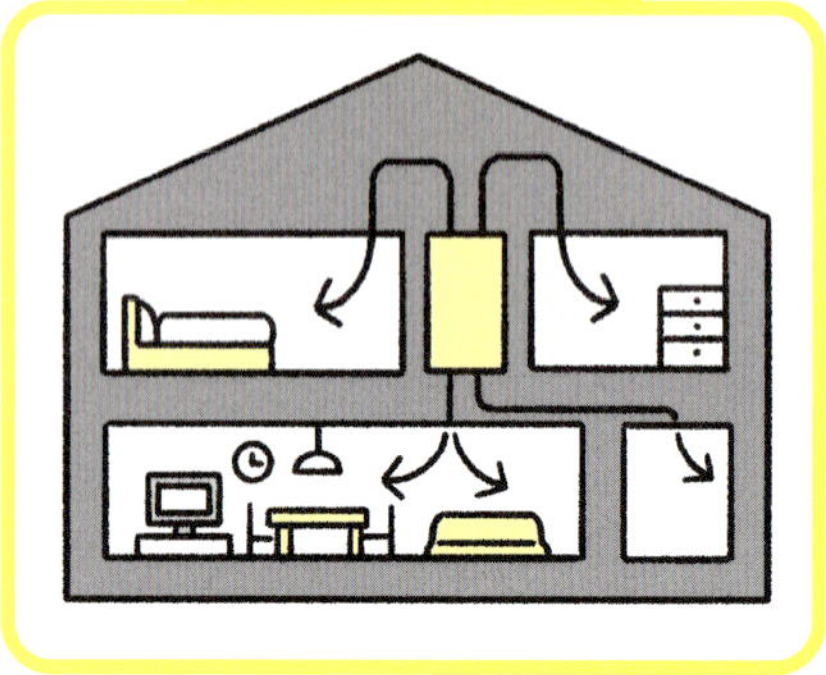

壁掛けエアコンなしで、屋根裏などに大型の空調設備（ダクト）を設置し、家全体を空調するシステム。熱交換ロスが小さいというメリットがある。一方で初期費用、電気代、メンテナンス、故障した場合の修繕や取り替えといった費用面でのデメリットがある。また、ダクト内にカビが発生する、ニオイが抜けないという懸念点もあるため、取り入れる場合は、緻《ち》密《みつ》な設計が求められる。

輻射式冷暖房《ふくしゃしきれいだんぼう》システム

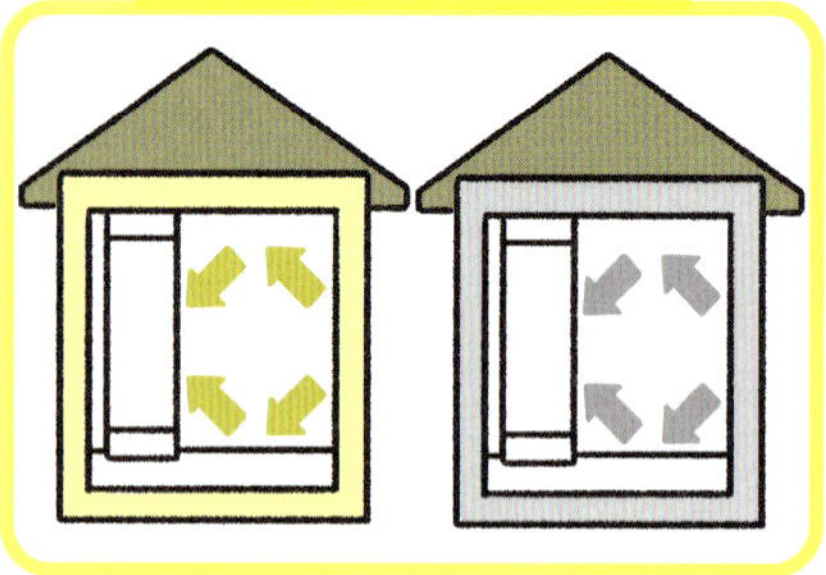

室外機からラジエータ（パネル）へ、冷房時は冷水、暖房時は温水を流すことで輻射の原理を働かせて空調する、次世代型冷暖房として注目されているシステム。エアコンは不要。除湿機能もあり、無風・無音で快適な空間を維持できる。機能性の高い設備だが、初期費用が高いことで資金計画の検討が必要。また、パネルの設置場所、壁の素材の適応性という点もクリアしなければならない。

電気式洗濯乾燥機・ガス式洗濯乾燥機

	電気式	ガス式
仕上がり	やや劣る。	優れている。
時間	ガスの倍以上。	電気の半分以下。
光熱費	太陽光発電を設置している場合は、効率的。	電気代、ガス代ともかかるが、短時間により削減。

キッチンコンロと同様に太陽光発電を設置し、オール電化にしている場合は、電気式洗濯乾燥機の光熱費を抑えられる。ただし、ガス式洗濯乾燥機の乾燥性能は非常に高く、家事の手間とあわせて、考え方次第というところ。機能性はガス式のほうが高いが、初期費用もガス式のほうが高い。

エコキュート

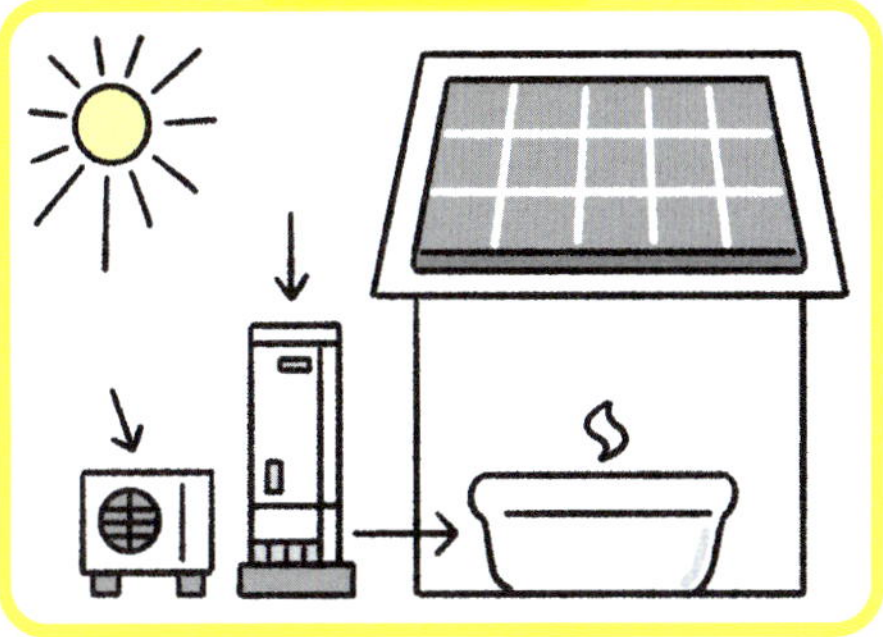

光熱費で給湯の占める割合は大きい。太陽光発電を利用してお湯を沸かすエコキュートは、光熱費の大きな削減になる。エコキュートは電気料金の安い夜間にお湯を沸かす。おひさまエコキュートは昼間に太陽光発電の余剰電力を使い、効率よくお湯を沸かす。初期費用は光熱費の削減で回収できる（シミュレーションが必要）。

防犯力を高めるアイテム

後づけでも対策すれば、安心な家に

空き巣対策だけでなく、強盗対策まで必要なご時世になりました。**〝入りにくい〟ではなく、〝入れない〟という対策が求められています。**家の性能に防犯性を加えるべきなのです。完全に入れなくするのは困難ですが、入るまでに時間をかせぐことで、安全な部屋に避難したり、警察に通報したりすることができます。犯行者にとって侵入が困難な家はリスクです。新築時に防犯力の高い設計をすることは理想ですが、現在の家の防犯力を高めることも可能です。

初期設定では、ドアや窓を防犯性の高いものにすることです。日射の必要のない家の側面は窓の数を減らしたり小さくしたりするのは、防犯対策にもなります。勝手口を設けないのも同様です。これで初期費用を削減できれば、防犯設備に回せるとも考えられますよね。また、今ある家の窓を取り替えることも検討できます。内側から鍵《かぎ》をかけられるセーフルーム（別名パニックルーム）をつくるのも有効。ちょっとした工夫が、防犯につながることもあるので知識を深めておきましょう。

防犯性の高い窓

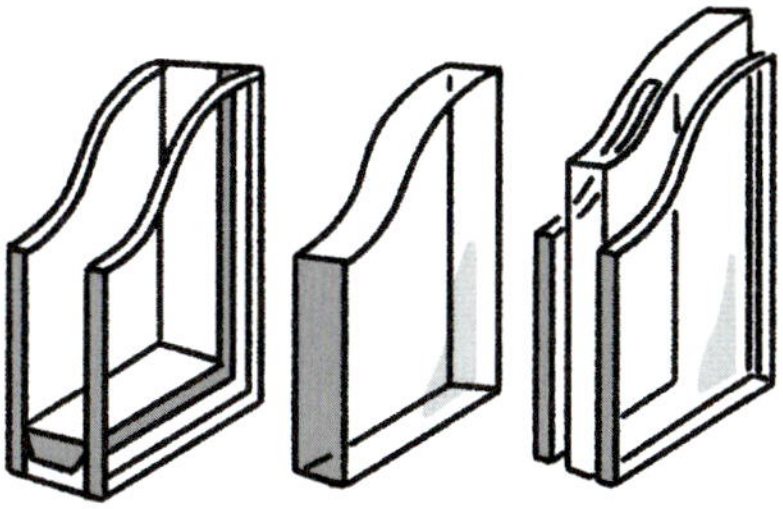

複層ガラス　強化ガラス　防犯合わせガラス

防犯合わせガラスは、2枚のガラスの間に合成樹脂を入れたもので割れにくい。なお、断熱性を高める複層ガラスは2枚ガラスの間に空気を入れた構造で別物。防犯性と断熱性を兼ね備えた窓もある。また、既存の窓に防犯フィルムを貼るだけでも効果が高まる。補助錠をつけておくのも重要。窓を破られて鍵を開けられても、補助錠を解除しなければ窓を開けられない。後づけもできる。

防犯シャッター・面格子

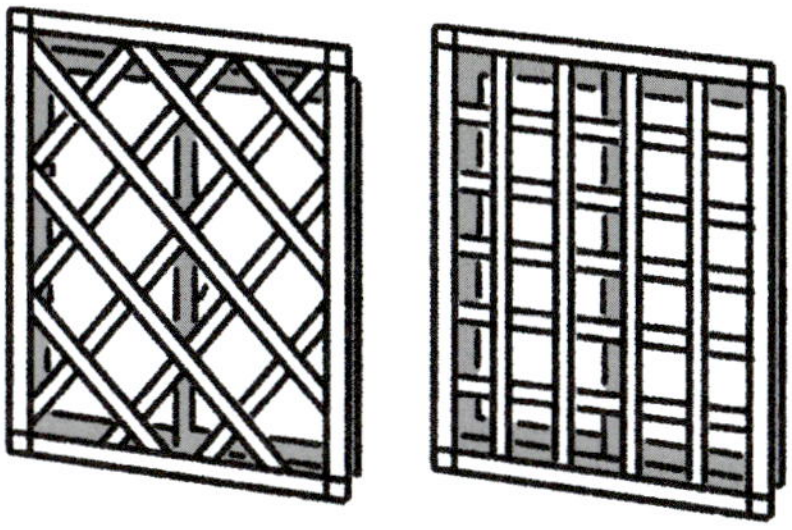

シャッターは手動のものと電動のものがある。後者のほうが費用は高いが、手動が面倒でシャッターを閉めなければ防犯力はゼロ。面格子は格子が縦に組まれているもの、十字や斜めに組まれているものがあり、後者が最も強靭《きょうじん》。シャッターより低価。窓を開けておけるので通風を維持できるメリットもある。後づけもできる。勝手口のドアに格子をつけるのも有効。

防犯カメラ

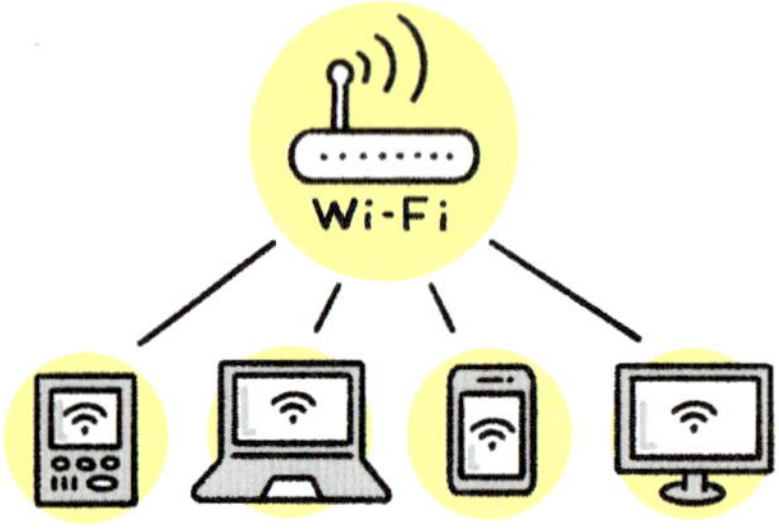

インターホンに内蔵されたカメラとは別に設置しておくと防犯力が高まる。スマホやパソコンから確認できる機能カメラもあり、留守中の防犯もできる。後づけも可能で、ワイヤレスタイプなど、さまざまな商品が登場している。高額なものは防犯力が高いが、安価でも優れたものがあり、設置していることが抑止にも働く。ただし、カメラは風雨にさらされるので、耐久性の高いものである必要がある。

防犯センサーライトのメリット

メリット1	犯罪行為の抑止力になる。
メリット2	防犯カメラの画像が鮮明になる。
メリット3	周囲の注目を集められる。
メリット4	日常生活で利便的になる。
メリット5	必要時のみの点灯で光熱費の削減になる。

感知センサーのついた照明を屋外に数か所つけておくと、抑止力につながる。防犯カメラに赤外線機能がない場合、夜間に照明が作動すれば映像にも記録されやすい。また、駐車場や玄関にセンサーライトがあれば、両手に荷物を持っているときにも便利。感知機能があれば、常時灯《あか》りをつけておく必要もなく、また消し忘れもないので省エネにもつながる。

柵《さく》・砂利

外構づくりの際にも防犯の観点を持ちたい。プライバシーを確保したうえで、外部からの侵入を難しくするには、柵《さく》や塀は高いほうがよいが、侵入されたら外からはなにも見えなくなり、外部の監視力を失う。柵や塀は抑止力として、入りにくさと監視力のバランスが取れた高さを検討したい。砂利は音が鳴ることで人の動きを感知できるとともに抑止力になる。

AI機器

防犯カメラをWi-Fiでスマホやパソコンに飛ばす機能や、ドアの施錠と解錠をスマホなどから操作できるシステムがある。荷物を持っていてもボタンを押すだけで開け閉めできるので利便性も高い。窓のシャッターもAIで開閉できるシステムがある。ドアや窓をリフォームする際、AI機器と連動したものも選択肢に入れたい。ホームセキュリティは日々進化している。

幸福度を高める外構演出

昼の顔と夜の顔、外からも中からも楽しむ

住宅において外構は庭だけでなく、駐車場や玄関のアプローチも含みます。限られた敷地で構造や間取りを工夫して設置したバルコニーも外構に含めてお話しします。**外構は外観の要素であり、室内からも眺めることができるもの**です。外構づくりの定番が植栽ですが、管理がともなうので、その手間を億劫《おっくう》に感じる人は、別の景観をつくればよいと思います。庭は子どもやペットが遊ぶ空間でもあり、バーベキューやティータイムを楽しめる場所にもなります。見た目だけでなく利便性の高い空間なのです。

外観だけを見ても建物と外構が融合した住まいは魅力的ですよね。さらに夜はライトアップすれば、また別の景観をつくります。ただ、好き勝手に外観を演出すればよいわけでもありません。**費用との兼ね合い、また設備の耐久性などを考慮し、建物と同様に長い期間、価値を持続させることが大切**です。取り入れる設備やアイテムの選択によってその価値は大きく変わります。

植栽

自然のもたらす癒《い》やし効果は大きい。落ち葉が少なく、虫がつかないような庭木を選べば、管理が億劫に感じる人も取り入れられる。芝生においても同様で、グランドカバーと呼ばれる小さな草花で手入れが不要なものもある。また庭木は見た目による効果だけでなく、プライベート空間の目隠しにもなる。室内からは季節の移り変わりを植栽を通じて楽しみたい。

ウッドデッキの設置での注意点

雨対策	ひさしを大きくする。
日射対策	ひさし、シェードなどで日射を入りにくくする。
材質	天然木の場合は耐久性の高い建材にする。樹脂・人工木は耐久性が高い。
規模	用途に合わせた大きさにする。
その他	床下を収納スペースにするのもおすすめ。

室内から出られるウッドデッキは、第二のリビングともいえる空間で、使用用途も多岐にわたる。スギ、ヒノキ、マツなどの天然木の風合いは魅力的だが、劣化するのが懸念点。アイアンウッドと呼ばれる高耐久材がおすすめ。天然樹脂塗料を施工しておくとよい。ひさしが小さく風雨が当たりやすい場所にある場合は、耐久性をより追求するべき。人工木は色《いろ》褪《あ》せしにくいメリットがあるが、地球負荷の観点からは天然を推奨したい。

外灯

駐車場や玄関は、利便性と防犯性を兼ね備えた人感センサーライトがおすすめ。ただ、意匠的によく見せたいという人は、外灯デザインや光の種類などにこだわるのもよい。なにを優先するかによって判断したい。なお、人感センサーライトは、室内の照明にも採用できる。エネルギー消費の観点からはLEDを採用したい。

間接照明

室内同様に独特の雰囲気を演出できる。玄関アプローチや植栽に設置すると、夜だけの景観になる。植栽に照明を当てると、植栽の影が家の外壁に映し出されることもあり、風の動きによってもおもしろい空間になる。外構デザインでフォーカルポイントという視線を集める手法があり、照明による演出も1つの要素。室内からの眺望も魅力的である。

サンシェード

夏場の日中でも庭で過ごす際には、日射の遮断が必要。また、ひさしが小さいところにウッドデッキを設置した場合は、デッキが熱されて外に出られなくなる。外壁に専用の金具を設置しておけば、タープを設置してサンシェードになる。雨にも対応したタープもある。柵やフェンスと建物につけるなど、過ごし方を想定して適切なアイテムを選ぶとよい。

外水道の活用例

洗い物	洗車や外道具のメンテナンス。
家屋の掃除	窓やサッシ、玄関のアプローチなどの掃除に使用する。
植栽	ガーデニングや家庭菜園の水やり。
人の汚れ	外遊びの汚れなどでシャワー代わりに。
レジャー	バーベキュー、ビニールプールなどに使用する。

庭に外水道や流しがあると便利。植栽の水やり、洗車、子どものプール、バーベキューなど、用途は多岐にわたる。利便性だけでなく、デザイン性の高い立水栓もある。また、外コンセントは後づけが難しい（工事面、費用面などが理由）ので、初期設定に入れておくべき。電気自動車を使う予定がある場合は、専用のコンセントがあるとよい。

利便性を高める水回り

長く愛用できるのは機能美を満たしたアイテム

キッチン、お風呂、洗面所は家族が毎日使う場所。だからこそ利便性の高い空間と設備を追求したいですね。家づくりのヒアリングでは、これらの場所を誰がどのように使うかを確認し、設計に反映していきます。例えば複数人で洗面所を使いたい場合、同時に使える広さ、洗面台の大きさ、さらには鏡の大きさにする必要があります。キッチン、お風呂、洗面所の設備は、初期費用との兼ね合いもあります。ここで費用を抑えるために使い勝手の悪い、または耐久性の低いものを選んでしまうと、使用中の不便さだけでなく、結局は買い替えで費用がかかってきます。

家づくりは日進月歩しています。それは水回りの設備も同様。ただし、進化したものが必ずしも生活に適応しているわけではありません。**利便性を追求したことで、デメリットが生まれることもあります**。例えば、タンクレスのトイレはデザイン性に富み、掃除も楽ですが、断水すると使えませんよね。**設備選びはメリットとデメリットの両面を知ったうえで、目的の優先順位を決めて選択するとよい**でしょう。

タンク式・タンクレストイレ

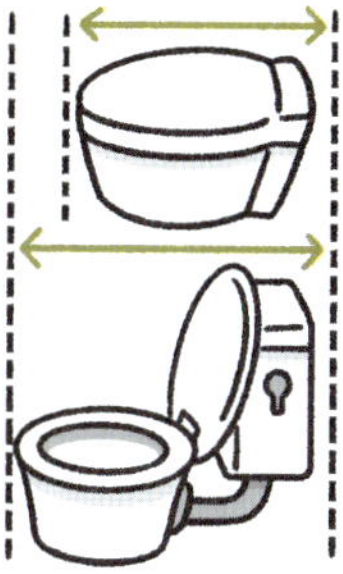

タンクレスはタンクがない分、省スペースを実現。デザイン性に優れており、掃除がしやすく、節水効果も高いという利点がある。一方で、断水時や停電時に使用できない、便座や温水洗浄便座のみを交換できないというデメリットもある。家にトイレを2か所設置する場合、1つをタンク式にして、もう1つをタンクレスにするという方法もある。

キッチンキャビネット

	木製	ステンレス	ホーロー
耐久性	低い。	比較的高い。	高い。
費用	天然木以外は比較的安価。	木製より比較的高い。	一般的に、最も高価。
掃除	油汚れの掃除が困難。	しやすい。	しやすい。
その他特徴	内装の木材と統一感を出せる。	機能性とデザイン性を兼ね備えている。	熱、汚れ、湿気に強い。耐火性も高い。

素材は木製、ステンレス、ホーローの3種があり、素材を接着するタイプの木製キャビネットは初期費用が最も低い傾向にあるが、耐水性に劣る。木のデザインにこだわりたい場合は、ステンレスで木の風合いを施した製品もある。また高額になるが天然木を使用したものは、人工木より耐水性が高い（ステンレスやホーローほどではない）。

ユニットバス

高断熱のものを選びたい。保温性の高いものは快適さだけでなく、光熱費の削減にもなる。グレードによって費用の幅が広いが、高グレードでない場合でも保温材（断熱材）を使用しているものが必須《ひっす》。初期設定のときだけでなく、リフォームする際もユニットバス選びは慎重に。高断熱のユニットバスにする場合、浴室の断熱性が高いことが前提となる。

リフォームの際には構造の性能に注意 引き戸に変えるのがおすすめ

お風呂のリフォームの際、ユニットバスの交換だけでなく、ドアの交換も検討したい。折りたたみ式のドアは開閉に不具合が生じたり、細部に汚れが残りやすかったりする。開き戸は中に人がいる場合、危険だったり、開かなかったりする。もし、浴室で家族が倒れている場合、ドアが開かないと救助すらできない。引き戸であれば開閉がスムーズで掃除もしやすく、リフォーム費もそこまで高くならない。なお、リフォームで浴室の断熱性を高めるのは、大掛かりな工事になり、費用がかさむ。これはほかの部屋においても同様である。

洗面化粧台

化粧台とボウルが一体になったタイプと、化粧台にボウルを置くタイプに分かれる。どちらもボウルの形状やデザインはさまざまにあるが、置くタイプはボウルの形状がすべて見えるため、デザイン性がより出やすい。掃除のしやすさでは、つなぎめのない一体型に分がある。なお、カウンターの収納は開き戸のものより、引き出しタイプのほうが物の出し入れをしやすい。

水栓・シャワーヘッド

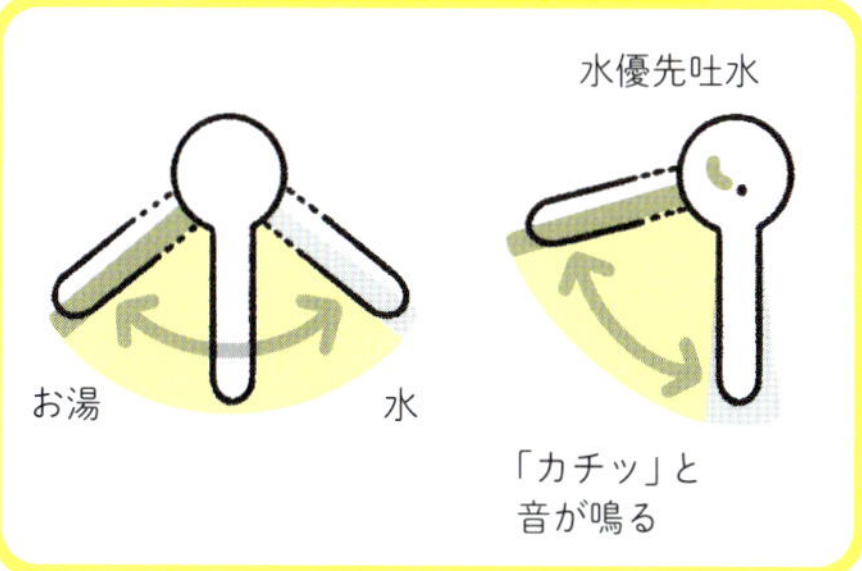

以前はお湯と水の蛇口が分かれていたが、現在は1つになった混合水栓が主流。デメリットは、気づかないうちにお湯を使ってしまうことで、エネルギーを浪費している。水優先吐水という水とお湯の切り替えを認識できるものや、小流量吐水という節水になる水栓を選ぶとよい。シャワーヘッドにおいても分散噴射できるものは掃除に便利。節水式のものもある。

快適を導くプラスアイテム

「あったらいいな」を適材適所に設ける

長く住み続けられる家は、さまざまなところに工夫がちりばめられ快適性をもたせています。建物の構造性能や設計、大がかりな設備だけでなく、**ちょっとしたアイテムをプラスしたり、置き換えたりするだけで生活クオリティが高まります**。生活の利便性や快適性はお金ではあらわせないものですが、プラスのアイテムの費用は、あっという間に取り返すことができるはずです。例えば、掃除の定番アイテムである亀《かめ》の子《こ》束子《たわし》は、棒状だったものを丸めることで掃除のしやすさが劇的に向上した発明品。これに棒をつけた棒タワシの誕生で使い勝手がさらによくなりました。こういったアイデアは住まいにいろいろ取り込めるのです。

生活スタイルの変化によって必要価値が出てくるもの、ちょっとしたことで住まいの耐久性を高められるもの、空間を有効活用できるものなど、快適を導くアイテムは多岐にわたります。**快適を導くことは、ストレスを招かないともいい換えられます**。「住んでよかった」という気持ちを底上げするアイテムの一部を紹介します。

マグネットウォールの活用法

書類を貼る	子ども関係、地域関係、各種申請や手続きの書類を貼っておける。仕事面にも活用できる。
連絡・備忘	専用のペンで文字を書けるので、家族での連絡などにも便利。備忘にもなる。
収納	マグネット式の収納アイテムを活用すれば、収納力が高まる。
子どもの遊び	お絵描き、落書きなどを楽しめる。

内壁の一部に設置して、書類などをマグネットで貼りつけられる。子ども関係や地域関係のプリントは数が膨大で整理に困りがちで、「見ない」という事態を招くことも。これらを家族が見えるところに貼っておくと便利。内壁の建材の1つとして商品化されており、大きさも設定できる。後づけも可能。冷蔵庫が貼り紙で埋めつくされることもなくなる。

玄関などのニッチ

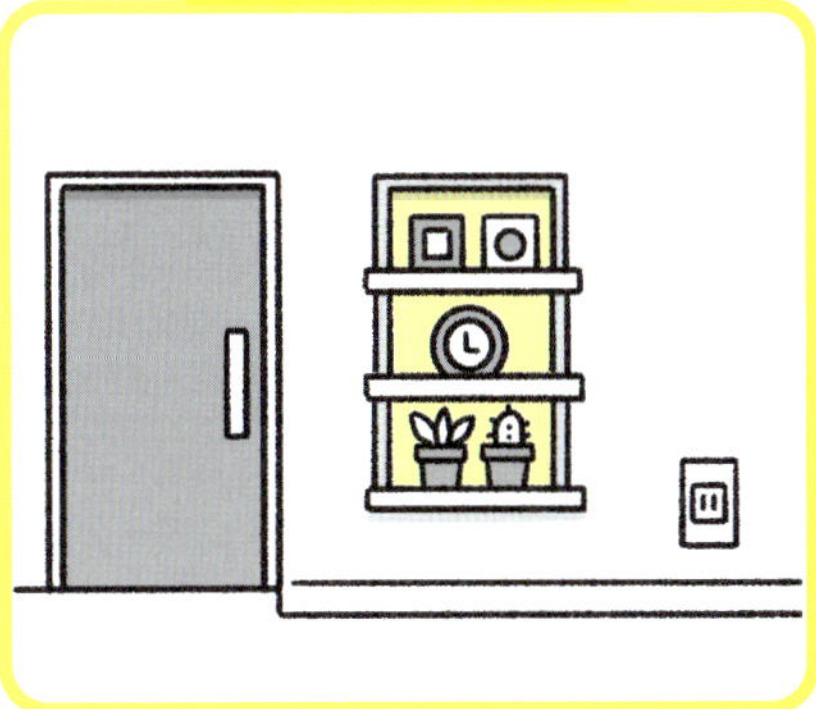

壁の空間を利用してくり抜いた部分をニッチという。プラスのスペースを設けないので、追加費用も少なくてすむ。ただし、構造耐壁力などの構造計算をしていることが前提となる。この空間にオブジェや花、写真などを飾っておくと、玄関のインテリアの質が一気に高まる。照明を取りつけて光の演出をするのもよい。この空間にインターホンやスイッチ類の機器をまとめて設置する事例もある。

ソフトクローズ機構つきの引き戸

閉める際に自動的にブレーキがかかり、ゆっくりと閉まる機能がついているもの。静かに閉まり、建材を傷めることも防げる。特にガラスつきの扉には有効。途中で手を離してもきっちり閉まるため便利で、開けるときもスムーズ。グレードの高いものは耐用年数も長い。初期設定でつけるだけでなく、リフォームでつけ替えるときもおすすめ。

宅配ボックス

インターネットでの買い物が増えている今日、置き配用のボックスがあると便利。再配達の手間を省け、施錠つきのものであれば盗難防止になる。直《じか》置《お》きの置き配では梱包《こんぽう》が風雨にさらされることがあり、家人の不在を知らせるようなもので空き巣のリスクが高まる。費用の幅は大きいので、インターネットでの買い物の頻度などと照らし合わせて検討するとよい。

浴室床自動洗浄機能

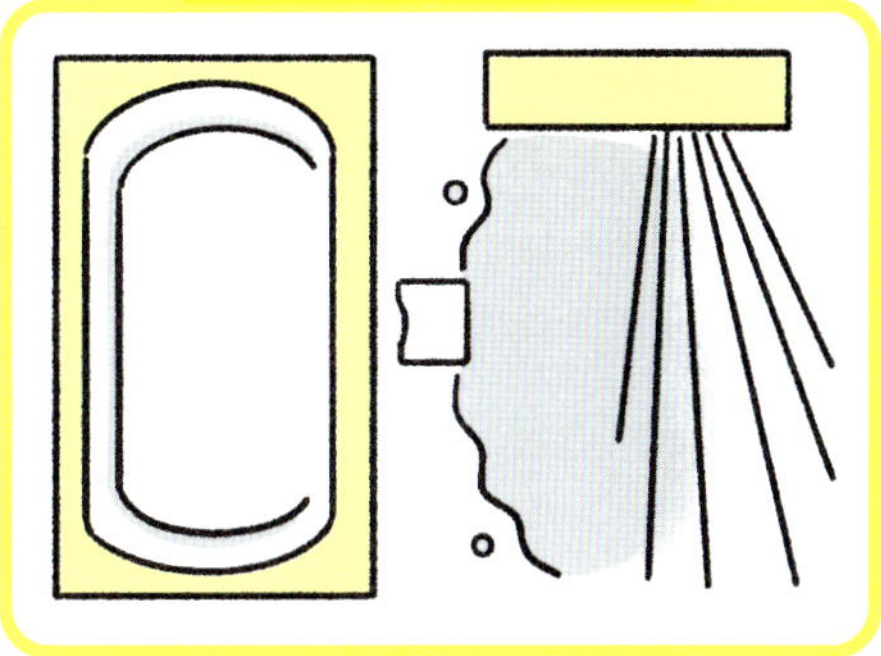

※図はイメージ。

床についた角質や皮脂など汚れの原因となるものを、水と除菌水（仕上げ）で自動的に洗浄する機能設備。カビの発生や増殖を防ぎ、常にきれいな状態になる。掃除の手間が省けるだけでなく、床を長持ちさせることにもつながる。初期費用が約7万円かかるが、約10年間はメンテナンスも不要で、掃除の労力と照らし合わせるとコスパが高いといえる。

IoT

AI機器の例	内容
スマートライト	人感センサーのほか、スマホをリモコンにして照明を操作できる。
防犯カメラ	カメラの撮影・録画をスマホで確認できる。
スマートキー	スマホで鍵の開錠と施錠ができる。
各種家電	スマホで電化製品を操作できる。
見守り関係	室内カメラで遠方からスマホで様子を確認できる。同時に通話も可能。
インターホン	不在時でも遠方から来訪者とコミュニケーションがとれる。

IoT（Internet of Things）という家電とインターネットをつなげた機能が普及している。鍵の施錠・解錠、照明や冷暖房、防犯カメラの操作や管理など、スマホなどのデバイスから行える。利便性が高くなるだけでなく、省エネにもつながる。こうした情報技術を用いて設備機器を制御することでエネルギー消費量を最適に調整する住宅を「スマートハウス」と呼ぶ。

おわりに

家は住んでみないとわかりません。とはいえ、新築戸建ての場合、試しに建てて住んでみる、ということは難しいですよね。

「理想の家づくりやリフォームを求めている人に、実際に住んだときの気持ちに近づいてもらうためにはどうしたらいいか？」というのが、本書の企画の発端でした。そこで、実際の家を事例として、「住んでよかった」と感じられた点を書籍のテーマにし、その想いを実現した根拠を、さまざまな方向から解説していくことを目指しました。やはり家づくりで考えることは膨大なため、事例を1つでも多く見ておくことが役立ちます。家づくりを含めたライフプランを検討しているさまざまな年齢の方々にとって、個々人の制約条件の中での家づくりにいかしてもらえたらと思います。

前書『住まい大全 ずっと快適な家の選び方、つくり方、暮らし方』でもそうでしたが、**本書のテーマもやはり「住宅が高性能であること」でした。耐震・断熱、空気の循環の良好さ、断熱性のすべての条件がそろうと、人は快適に毎日を過ごす**

ことができると思います。もう1つ、**近年いっそう注目を集めているのが防犯性**です。安全安心な家を手に入れることは、クオリティオブライフにますます大きな影響を及ぼすと思います。

平松建築ではスタッフの家やお客さまの家をモデルハウスとして見学できるサービスも行っています。本書は、多くの方のご意見、ご感想、そして「住んでよかった」というお言葉によってつくりあげられました。ご協力いただいたみなさまに、心より感謝申し上げます。また、「家づくりは人生づくり」の理念のもと、お客さまの夢を叶《かな》えるために、日々努力を重ねている平松建築の社員一同にも感謝申し上げます。セトオドーピス様、ＫＡＤＯＫＡＷＡの小川和久様には、企画段階から多大なるご尽力を賜りましたこと、深く感謝申し上げます。

平松建築は、家づくりを通して日本を元気にしたいという思いを込めて、工務店という「つくり手」と「住まい手」のみなさまをつなぐ「ＳＵＭＭＵＴ（スムット）プロジェクト」を始動いたします。このプロジェクトでは、より多くの方々に「人と地球と家計にやさしい家」を提供し、幸せな暮らしを築いていただけるよう、邁《まい》進《しん》してまいります。家は、人生の基盤となる大切なものです。

平松建築は、これからもお客さまの理想の暮らしを叶えるために、最高の家づくりを目指します。

この本が、みなさまに少しでも役立つものになれば幸いです。理想の家を手に入れ、その家で過ごす日々が、かけがえのないものとなりますように。そして、多くのご家庭で、たくさんの笑顔が生まれることを願っています。

家づくりで日本を元気に！

平松《ひらまつ》 明展《あきのぶ》

ここまで読み進めてくださり、ありがとうございます。

職人社長の活動の紹介とともに、
ずっと快適な家を手に入れるための
情報をお伝えするサイトを
ご紹介します。

https://kdq.jp/naj7s

※2025年1月現在の情報です。
※PC・スマートフォン対象。システム等の事情により予告なく公開を終了する場合があります。
※ご紹介しているサイトは平松建築株式会社が管理・運営するものとなります。
　株式会社KADOKAWAではお問い合わせ等をお受けしていません。

平松建築株式会社　https://www.hiramatsu-kenchiku.jp/
Instagram　hiramatsu__kenchiku
TikTok　https://www.tiktok.com/@hiramatsu__kenchiku?lang=ja-JP
Facebook　hiramatsu-kenchiku.jp

YouTube「職人社長の家づくり工務店」
https://www.youtube.com/@hiramatsukenchiku/featured

著者紹介

平松明展（ひらまつ　あきのぶ）

平松建築株式会社代表取締役。建築歴24年。19歳から大工として10年間で100軒以上の住宅を解体、修繕し、住宅の性能の特徴を理解する。2009年創業。会社経営を行いながらもドイツを訪れて省エネ住宅を学ぶほか、地震後の現地取材を行い、気候風土に合った家づくりの研究を行う。YouTubeチャンネル「職人社長の家づくり工務店」（登録者数は17万人以上）も配信中。

デザイン	石倉大洋（東京100ミリバールスタジオ）
イラスト	長野美里
写真提供	平松建築
校正	パーソルメディアスイッチ
編集	セトオドーピス
編集担当	小川和久（KADOKAWA）

住《す》んでよかった家《いえ》

理想《りそう》の暮《く》らしがずっと続《つづ》く15の空間《くうかん》

2025年1月28日　初版発行

著　者　平松明展《ひらまつあきのぶ》

発行者　山下直久

発　行　株式会社KADOKAWA
〒102-8177 東京都千代田区富士見2-13-3
電話 0570-002-301（ナビダイヤル）

印刷所　TOPPANクロレ株式会社
製本所　TOPPANクロレ株式会社

ISBN 978-4-04-607249-8 C0077

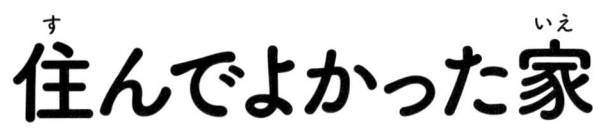